Optimal A1

Lehrwerk für Deutsch als Fremdsprache

Lehrbuch

von
Martin Müller,
Paul Rusch,
Theo Scherling
und
Lukas Wertenschlag

Grammatik: Helen Schmitz in Zusammenarbeit mit Reiner Schmidt
Aussprache: Christiane Lemcke in Zusammenarbeit mit Heinrich Graffmann

Klett-Langenscheidt
München

Redaktion: Sabine Wenkums und Gernot Häublein
Visuelles Konzept, Layout: Ute Weber in Zusammenarbeit mit Theo Scherling
Umschlaggestaltung: Studio Schübel Werbeagentur; Foto Getty Images / V. C. L.
Zeichnungen: Christoph Heuer
Fotoarbeiten (soweit im Quellenverzeichnis nicht anders angegeben): Vanessa Daly
Satz und Litho: Angelika Schönwälder, kaltnermedia GmbH, Bobingen

Verlag und Autoren danken Cornelia Gick, Virginia Gil, Katja Wirth und allen Kolleginnen und Kollegen, die ***Optimal*** begutachtet und mit Kritik und wertvollen Anregungen zur Entwicklung des Lehrwerks beigetragen haben.

***Optimal* A1 – Materialien**

Lehrbuch A1	606144
Audio-CDs A1	606147
Arbeitsbuch A1	606145 mit eingelegter Lerner-Audio-CD
Intensivtrainer A1	606153
Testheft A1	606148 mit eingelegter Audio-CD
Fertigkeitstrainer A1–B1	606156 mit eingelegter Audio-CD
Einstufungstest und Glossare im Internet	

Symbole in *Optimal* A1

A 7 — **Aufgabe** 7 in diesem Kapitel

1.2 — **Hören** Sie auf der CD 1 zum Lehrbuch den Index 2.

→ Ü 1 – Ü 2 — **Übungen** 1–2 im Arbeitsbuch gehören hierzu.

Achtung! Das müssen Sie lernen.

Online-Übungen und -Projekte hierzu auf der Klett-Langenscheidt-Homepage

Diese Redemittel helfen in wichtigen Situationen weiter.

www.klett-langenscheidt.de/optimal

1. Auflage 1 6 5 4 3 | 2017 16 15 14

Gesamtherstellung: Print Consult GmbH, München

ISBN 978-3-12-606144-5

9 783126 061445

MIX
Papier aus verantwortungsvollen Quellen
FSC® C084279
FSC www.fsc.org

Inhalt

Bremen
NIEDERSACHSEN
DEUTSCHLAND
BERLIN
Frankfurt
Dresden
PRAG
Stuttgart
München
Salzburg
Zürich
ÖSTERREICH
Innsbruck

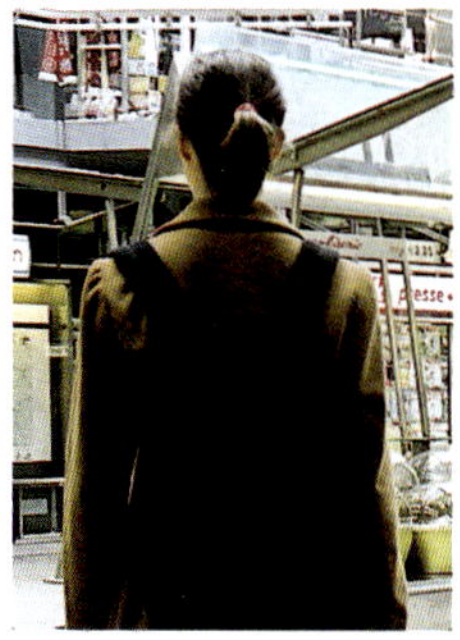

Inhalt

5 Essen – Trinken – Einkaufen

6 Sprachen lernen

7 Reisen

8 Wohnen

Inhalt

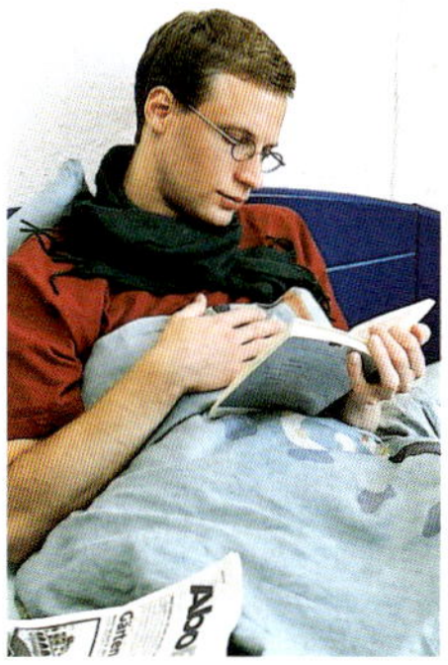

1 Menschen – Sprachen – Länder

Name, Herkunft, Sprache

1.2

A 1 Informationen zu Personen

a) Hören Sie und notieren Sie:

Name
Herkunft
Wohnort
Sprachen

→ Ü 1–2

Andrea

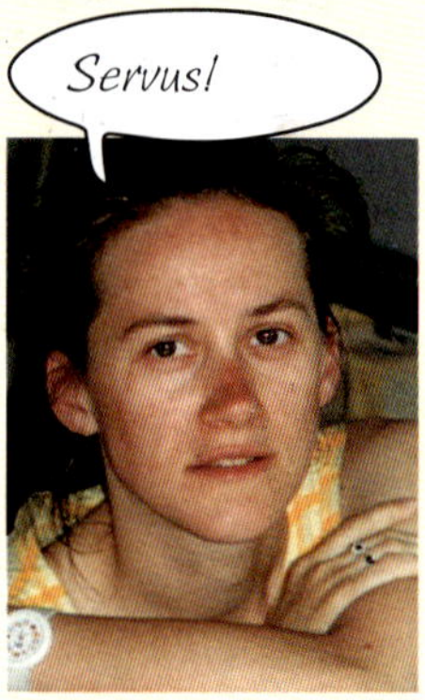

Anna

Urs

b) Hören Sie noch einmal. Lesen Sie.

→ Ü 3

Andrea sagt „Guten Tag!“ Andrea kommt aus Deutschland. Sie wohnt in Hamburg. Sie spricht Deutsch und Englisch.

Anna sagt „Servus!“ Sie kommt aus Österreich. Sie wohnt in Graz. Sie spricht Deutsch und Italienisch.

Urs sagt „Grüezi!“ Er kommt aus der Schweiz. Er wohnt in Bern. Er spricht Deutsch, Französisch und Spanisch.

Alle drei sprechen Deutsch – aber verschieden.

A 2
Hören Sie und notieren Sie:

Name
Herkunft
Wohnort
Sprachen

→ Ü 4–5

Martina

Andrés

Gönül

A 3
Fragen Sie im Kurs. Machen Sie Porträts.

→ Ü 6–7

Fragen und antworten

Hallo, wie heißt du?	Ich heiße Martina.
Woher kommst du?	Ich komme aus Italien.
Wo wohnst du?	In Rom.
Welche Sprachen sprichst du?	Ich spreche Italienisch und Englisch.
Guten Tag, wie heißen Sie?	Ich heiße Andrés García.
Woher kommen Sie?	Aus Lateinamerika. Aus Mexiko.
Und wo wohnen Sie?	Ich wohne in Mexiko, in Puebla.
Welche Sprachen sprechen Sie?	Ich spreche Spanisch, Englisch und Deutsch.

Adresse, Telefonnummer

1.6

A 4
Begrüßen und vorstellen
Hören Sie.
Wie heißen die Personen?
Woher kommen sie?

→ Ü 8–9

1

- ● Guten Tag, ich bin Gertrud Steiner.
- ○ Angenehm, ich heiße Jorgos Papadopoulos.
- ● Woher kommen Sie, Herr Papadopoulos?
- ○ Aus Patras.
- ● Patras? Wo liegt das?
- ○ Im Westen von Griechenland!
- ● Aha.
- ○ Und woher kommen Sie?
- ● Aus Deutschland, ich wohne in Berlin!

2

- ○ Hallo, Pedro!
- ● Hallo, Laura! Das ist Bruno.
- ○ Hallo, Bruno.
- ● Und das ist Laura!
- ■ Hallo, Laura.
- ○ Woher kommst du, Bruno?
- ■ Aus Portugal. Und du?
- ○ Aus Lateinamerika, aus Chile.

1.8

A 5
Zahlen
Hören Sie.
Notieren Sie:

Telefonnummer
Adresse
Postleitzahl

→ Ü 10 – 11

- ● Und wie ist die Telefonnummer?
- ○ Null – drei – null – vier – drei – sechs – sieben – acht – zwei – null – neun.
- ○ Danke, und wie ist die Adresse?
- ● Berlin, Lausitzer Platz 4.
- ○ Und die Postleitzahl?
- ● Eins – null – neun – neun – sieben.
- ○ Vielen Dank.

A 6
a) Machen Sie ein Interview.
b) Stellen Sie den Partner / die Partnerin vor.

Vorstellen	
Wer ist das?	Das ist Bruno.
Guten Tag, ich bin Gertrud Steiner. Woher kommen Sie, Herr Papadopoulos? Patras? Wo liegt das?	Angenehm, ich heiße Jorgos Papadopoulos. Aus Patras. Im Westen von Griechenland.
Und woher kommen Sie? Wie ist die Adresse, bitte? Und wie ist die Telefonnummer?	Aus Deutschland, ich wohne in Berlin. Berlin, Lausitzer Platz 4. Null drei null vier drei ...

Informationen suchen und ordnen

1

Guten Tach! Mein Name ist Werner.
Ich bin eine Comicfigur.
Ich komme aus Kiel und wohne in Knöllerup.
Kiel liegt im Norden von Deutschland,
in Schleswig-Holstein.
Ich spreche Deutsch – Comicdeutsch.

A 7

a) Hören Sie und notieren Sie:

1 ___
2 ___
3 A
4 ___

→ Ü 12 – 13

2

Ich heiße Akemi Waldhäusl. Der Vorname „Akemi“ ist japanisch. Der Name „Waldhäusl“ ist deutsch. Ich lebe in Österreich, in Innsbruck. Innsbruck liegt im Westen von Österreich. Ich komme aus Japan. Ich bin Japanerin und Österreicherin.
Ich spreche drei Sprachen: Japanisch, Englisch und Deutsch.

3

Das ist Sergei Sokolovski. Sergei lernt Deutsch. Er wohnt in Dresden, Nordstraße 20. Die Postleitzahl ist 01099.
Familie Sokolovski kommt aus Minsk. Minsk liegt im Zentrum von Weißrussland. Sergei spricht vier Sprachen: Weißrussisch, Russisch, Englisch und ein bisschen Deutsch.

4

transit text
Deutsch Chinesisch
Russisch Polnisch

Barbara Ströbel
Bahnhofstraße 15
D - 70372 Stuttgart
Telefon: 0049 711 4579113
transit@t-online.de

Name	*Herkunft*	*Wohnort*	*Sprache(n)*	*Adresse – Telefonnummer*

b) Lesen Sie und notieren Sie.

→ Ü 14

Text: „sie" und „er"

A 17
a) Lesen Sie.
Wer ist „sie"?
Wer ist „er"?

Andrea kommt aus Deutschland.
Sie wohnt in Hamburg.
Sie spricht Deutsch und Englisch.

Urs kommt aus der Schweiz.
Er wohnt in Bern.
Er spricht Deutsch, Französisch und Spanisch.

b) *Ihre* Sprache:
Schreiben Sie und vergleichen Sie.
→ Ü 19

Andrea comes from Germany.
She lives in Hamburg.
Urs comes from Switzerland.
He lives in Bern.

____
____
____
____

Personen ansprechen: „du" oder „Sie"

A 18
a) Sehen Sie die Bilder an:
„du" oder „Sie"?

1

2

1.4 b) Hören Sie A 2 (Dialog 2 und 3).
Welches Bild passt?
→ Ü 20

- ● Guten Tag!
- ○ Guten Tag! Buenos días!
- ● Wie heißt du?
- ○ Ich heiße Andrés, Andrés García.
- ● Woher kommst du?
- ○ Ich komme aus Lateinamerika, aus Mexiko.
- ● Und wo wohnst du?
- ○ In Puebla.
- ● ...

Bild ________

- ● Guten Tag!
- ○ Guten Tag! Merhaba!
- ● Wie heißen Sie?
- ○ Ich heiße Gönül, Gönül Aktan.
- ● Woher kommen Sie?
- ○ Aus der Türkei.
- ● Und wo wohnen Sie?
- ○ Ich wohne in der Türkei, in Ankara.
- ● ...

Bild ________

Satz: Aussagesatz und W-Frage

- ● Ich heiße Andrés. Wie heißt du?
- ○ Ich heiße Anna. Woher kommst du?
- ● Ich komme aus Mexiko.
- ○ Wo wohnst du?
- ● Ich wohne in Puebla.
- ○ Welche Sprachen sprichst du?

Aussagesatz

1	2	
Ich	heiße	Andrés.
	Verb	

W-Frage

1	2	
W		?
W		?
W		?
W		?
	Verb	

A 19
a) Markieren Sie die Verben.
b) Schreiben Sie die Sätze in die Tabelle.
→ Ü 21 – 25

Aussagesatz und W-Frage — **Regel**

Das Verb ist in Position ________.

Ergänzen Sie.

Satz: Aufforderungssatz

Lesen Sie. Hören Sie. Fragen Sie im Kurs. Markieren Sie die Verben.

1	2	
		.
		.
		.
		.

A 20
a) Lesen Sie.
b) Schreiben Sie die Sätze in die Tabelle.
→ Ü 26

Aufforderungssatz — **Regel**

Das Verb ist in Position ________.

Ergänzen Sie.

Präpositionen
Woher? – Aus ...

Ich komme **aus** Italien / **aus** Mexiko / **aus** Südamerika.
Ich komme **aus der** Schweiz / **aus der** Türkei.
Ich komme **aus dem** Libanon / **aus dem** Iran.
Ich komme **aus den** Niederlanden / **aus den** USA.

Wo? – In ...
Ich wohne **in** Italien / **in** Mexiko / **in** Südamerika.
Ich wohne **in der** Schweiz / **in der** Türkei.
Ich wohne **im** Libanon / **im** Iran.
Ich wohne **in den** Niederlanden / **in den** USA.

2 Eine fremde Stadt

Ankunft

1.25

A 1
Sich informieren
Hören Sie und lesen Sie. Was sucht die Frau?

→ Ü 1–2

- ● Entschuldigung.
- ○ Ja, bitte?
- ● Ich suche die Touristeninformation.
- ○ Die Touristeninformation? Moment mal. Sehen Sie: Da ist der Ausgang.
- ● Ja.
- ○ Gehen Sie da geradeaus, ungefähr 100 Meter. Da finden Sie rechts die Touristeninformation.
- ● Vielen Dank.
- ○ Bitte.

1.26

A 2
a) Hören Sie und lesen Sie. Was möchte die Frau?

b) In der Touristeninformation: Was möchten Sie? Spielen Sie.

→ Ü 3–4

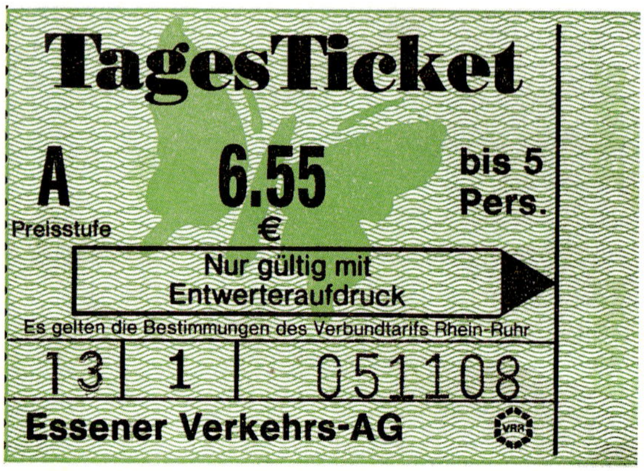

- ● Guten Tag!
- ○ Guten Tag!
- ● Ich möchte einen Stadtplan.
- ○ Hier, bitte.
- ● Haben Sie auch ein Kulturprogramm?
- ○ Hier ist der Stadtprospekt, da finden Sie das Kulturprogramm.
- ● Haben Sie hier auch das Touristen-Ticket?
- ○ Nein, leider nicht. Tickets gibt es im Bahnhof.
- ● Ich habe noch eine Frage: Wo ist das Hotel Lindenhof?
- ○ Das ist im Zentrum …

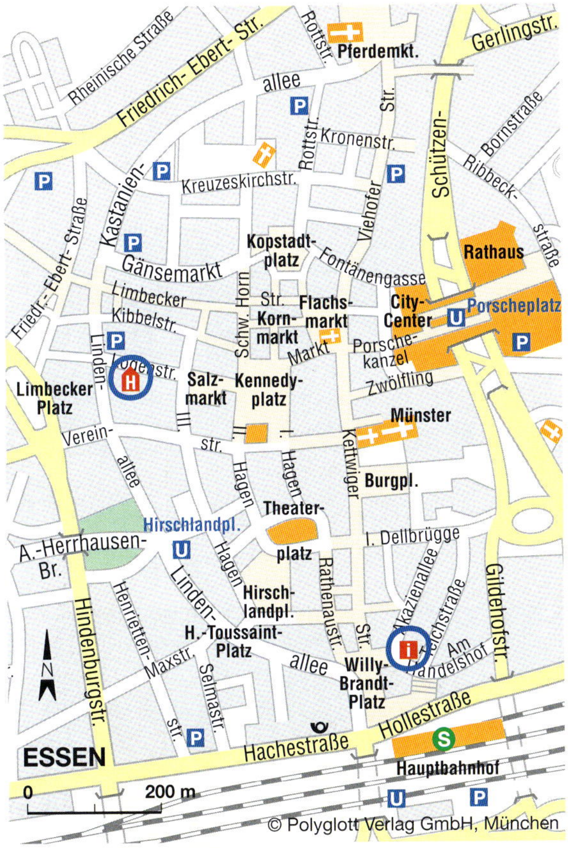

- ... Sehen Sie hier, das ist ganz einfach. Wir sind hier. Gehen Sie die Kettwiger Straße Richtung Zentrum, ungefähr 200 Meter. Da ist links das Theater und der Theaterplatz. Sie gehen rechts weiter, dann kommt der Kennedyplatz.
  Dort beginnt die Logenstraße. Sie gehen einfach geradeaus. Und da ist das Hotel Lindenhof, Logenstraße 18.
- ○ Ist das weit?
- Nein, Sie gehen nur 5 bis 10 Minuten.
- ○ Danke.

A 3
Sich orientieren
Wo ist das Hotel? Suchen Sie einen Weg. Notieren Sie die Straßen.

A 4 1.27
a) Hören Sie und lesen Sie. Wie geht die Frau?

→ Ü 5

b) Hören Sie. 1.28
Was sucht die Frau?
Wie lange braucht sie?

→ Ü 6

Im Hotel

- Guten Tag, bitte?
- ○ Guten Tag, mein Name ist Hlasek.
- Laasek, Laasek, Moment bitte! Entschuldigung, wie schreibt man das?
- ○ Mit „Ha-eL“ am Anfang.
- Ach, hier, Hlasek Milena. Ein Einzelzimmer, drei Nächte. Stimmt das, Frau Hlasek?
- ○ Richtig.
- Bitte hier unterschreiben. Und das ist der Schlüssel. Sie haben Zimmer 12. Frühstück gibt es von sieben bis zehn Uhr.
- Danke.

Meldeformular

Name des Gastes:	Hlasek (Name)	Milena (Vorname)
Name der Firma:	LKG Ceska (Firma)	
Adresse:	Na Porici 16 (Straße)	
	10820 - Prag 1 (PLZ / Wohnort)	
	Tschechien (Land)	
	0042/02/21433 (Telefon)	21433 - 17 (Telefax)
	milena_h@net.com (E-Mail-Adresse)	
Datum:	27.06. (von)	30.06. (bis)
Unterschrift:		

A 5 1.29
Sich im Hotel anmelden
a) Hören Sie und lesen Sie.
Wie heißt die Frau?
Wie lange bleibt sie?

→ Ü 7

b) Variieren Sie den Dialog. Spielen Sie.

→ Ü 8

Sich informieren	
Entschuldigung! Ich suche die Touristeninformation. Wo ist das Hotel Lindenhof, bitte?	Ja, bitte? Gehen Sie da geradeaus, ungefähr 100 Meter. Das ist im Zentrum. Sehen Sie hier. Wir sind hier. Gehen Sie Richtung Zentrum ...
Ich möchte einen Stadtplan. Haben Sie ein Kulturprogramm? Haben Sie hier auch das Touristen-Ticket? Vielen Dank.	Hier, bitte. Gerne. Nein, leider nicht. Tickets gibt es im Bahnhof. Bitte.

A 6
Einen Weg beschreiben
Beschreiben Sie einen Weg auf dem Stadtplan. Der Partner / Die Partnerin sucht den Ort.

Ein Tag in Essen

A 7
Informationen austauschen
a) Was interessiert Sie? Lesen Sie und vergleichen Sie.
b) Sammeln Sie Wörter.

→ Ü 9

Aalto-Theater
Musik-Theater (Oper und Ballett), erbaut 1988 von Alvar Aalto, liegt im Stadtgarten von Essen

Grugapark
im Süden von Essen, großer Park und Grugahalle: Sport, Konzerte und Ausstellungen

Museum Folkwang
Bilder, Grafiken, Skulpturen 19. und 20. Jahrhundert; große Fotografie-Sammlung

Alte Synagoge
1913 erbaut, 1938 von den Nazis zerstört, jetzt Museum

Zeche Zollverein
Kohleindustrie bis 1970, jetzt Kulturzentrum, UNESCO-Kulturerbe

1.30

A 8
Lesen Sie und hören Sie. Was machen Milena und Beatrix zusammen? Vergleichen Sie mit A 7.

→ Ü 10 – 11

A 9
Eine Stadt vorstellen
Was ist in Ihrer Stadt bekannt? Stellen Sie Ihre Stadt vor.

→ Ü 12

Milena besucht eine Freundin in Essen: Beatrix. Sie lesen Prospekte und machen Pläne.

- ● Hast du morgen Zeit, Beatrix?
- ○ Nicht viel, nur zwei Stunden. Wir gehen zuerst in die Altstadt. Dort siehst du das Münster, das ist sehr alt. Und die Alte Synagoge. Die ist sehr bekannt.
- ● Ich möchte auch zum Aalto-Theater.
- ○ Das findest du auch allein. Und das Museum Folkwang ist auch nicht weit, da gibt es eine Fotoausstellung, ganz toll! Und abends komme ich zum Hotel, um 7 Uhr.
- ● Oh, das ist schön.

Internationale Wörter suchen

1 Beach-Volleyball
Spitzensport direkt im Stadtzentrum,
die Masters-Tour macht Station in Essen
Ort: Kennedyplatz
Fr. 28.06. bis So. 30.06.
Ab Hauptbahnhof ca. 10 Minuten zu Fuß

2 Colosseum Theater Essen
Der Musical-Welterfolg „Elisabeth" zeigt das
Leben der Kaiserin ‚Sissi'
Sa. 15.00 und 20.00 Uhr
So. 14.30 und 19.00 Uhr
Tickets: 44,– bis 83,– Euro
U11, U17, U18 Station Berliner Platz

3 Amerikanische Meisterfotografen
(Clark, Eggleston, Friedlander, Winogrand)
Fotos von 1950 bis 2000
Museum Folkwang
14. Juni – 11. August

4 Open Air Filmfestival
Der Sommer-Treffpunkt für Filmfreunde, eine
Woche Film und Feiern
Zeche Zollverein
28. Juni bis 5. Juli
Eintritt 7,50 Euro
Straßenbahn Linie 107, Station Zollverein

5 Tamilisches Kulturfest
mit Musik, Tanz und Spezialitäten: Lernen Sie
die faszinierende Kultur der Tamilen kennen
Ort: Jugendzentrum Essen
Sa. 29. Juni, ab 15.00 Uhr
Eintritt frei
U17 Haltestelle Planckstraße oder U18

6 Aalto Theater
Das Lied von der Erde
Ballett nach der Musik von Gustav Mahler
So. 30.06, 18.00 Uhr

A 10
a) Ordnen Sie die Texte:

Musik ⑤
Sport
Fotos

b) Sammeln Sie Wörter zu den Themen.

➜ Ü 13 – 15

Um Wiederholung bitten

1
● Kommst du zum Beach-Volleyball am Kennedyplatz?
○ Wie bitte?
● Am Ken-ne-dy-platz.
○ Was ist da?
● Du weißt doch, Beach-Volleyball.

2
● Bitte, wo ist die Fotoausstellung?
○ Im Grugapark, in der Orangerie.
● Wie bitte, O...? Buchstabieren Sie bitte!
○ O – eR – A – eN – Ge – E – eR – I – E, wie Orange.
● Ach so. Danke.

A 11 1.31
a) Was sagt der Mann? Notieren Sie.

b) Buchstabieren Sie Namen im Kurs.

➜ Ü 16

Die Ausstellung ist im Grugapark, in der Orangerie.	Wie bitte? / Bitte noch einmal! / Bitte langsam!
In der O – ran – ge – rie.	Wie schreibt man das? / Buchstabieren Sie bitte!
O – eR – A ... [→ Buchstabiertabelle S. 11]	Ach so! / Danke! / Vielen Dank!

A 12
Wählen Sie ein Programm von A 10. Spielen Sie Dialoge wie in A 11.

Wörter auf dem Stadtplan

A 13
a) Wo ist der Bahnhof? Suchen Sie.
b) Ordnen Sie Namen:

...straße
...gasse
...platz

A 14
Markieren Sie mit drei Farben.

maskulin: *der*
neutrum: *das*
feminin: *die*

der Bahnhof
das Hotel
das Kino
die Kirche
das Museum
der Park
die Post
das Theater
die Touristen-information

die Straße
die Gasse
der Platz
der Weg

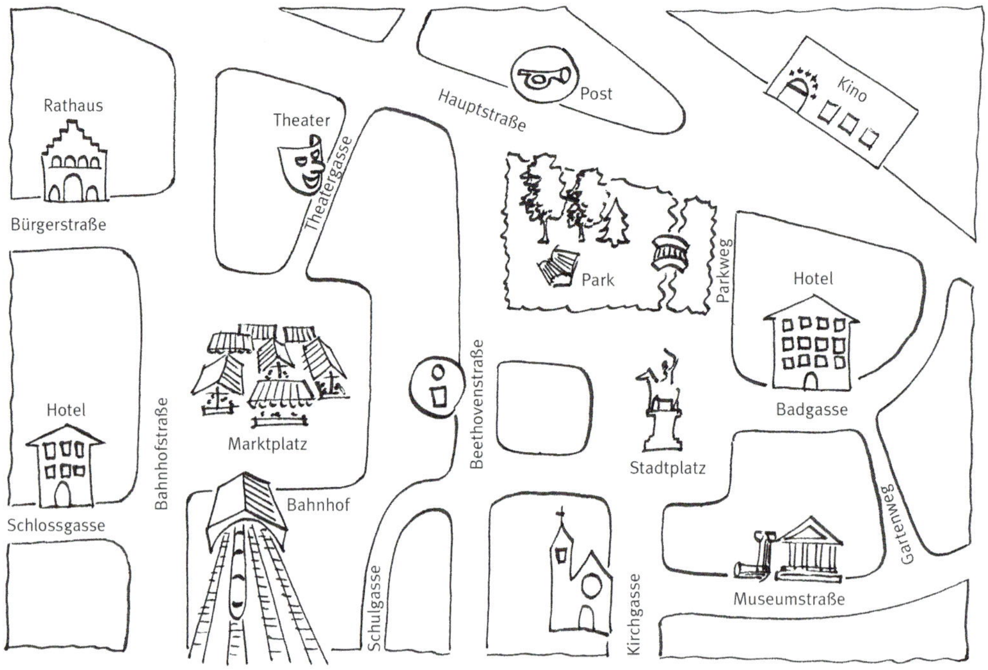

Hotelreservierung

A 15
Füllen Sie das Formular aus.

➜ Ü 17

A 16
Besuchen Sie die Homepage von Berlin, Wien, Zürich, ... Suchen Sie drei Hotels.

➜ Ü 18 – 20

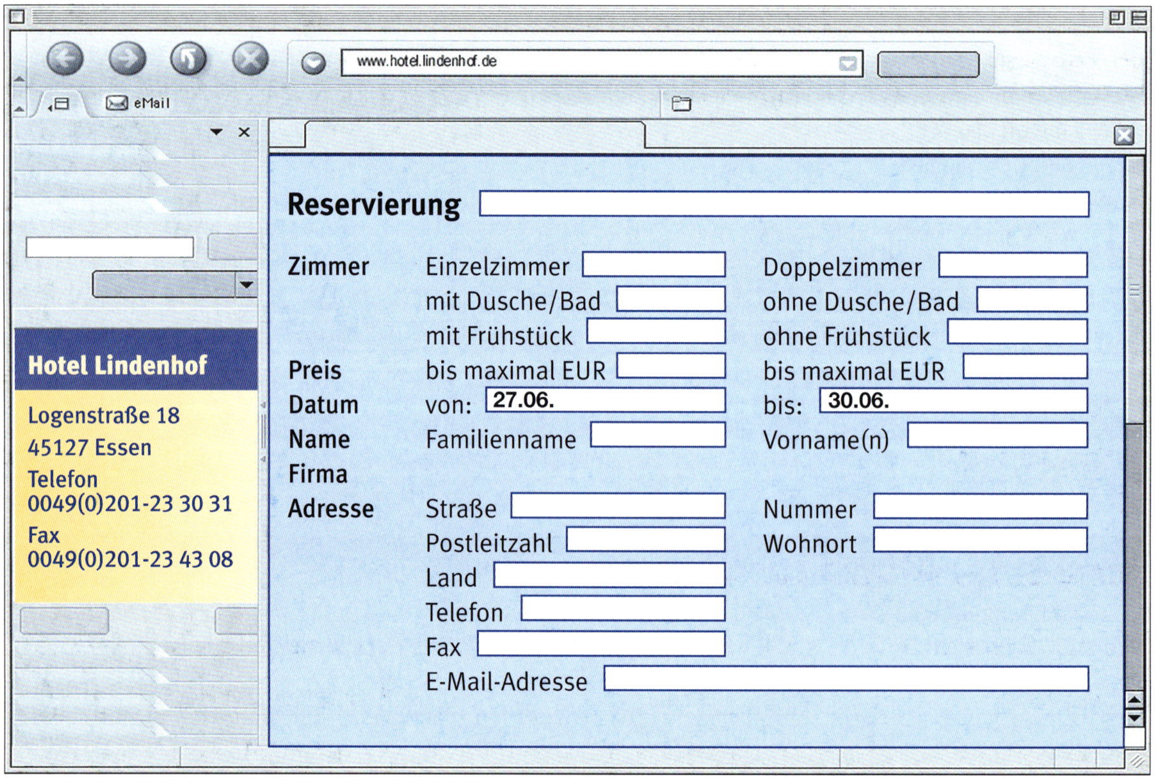
www.hotel.lindenhof.de
eMail

Hotel Lindenhof
Logenstraße 18
45127 Essen
Telefon
0049(0)201-23 30 31
Fax
0049(0)201-23 43 08

Reservierung

Zimmer	Einzelzimmer	Doppelzimmer
	mit Dusche/Bad	ohne Dusche/Bad
	mit Frühstück	ohne Frühstück
Preis	bis maximal EUR	bis maximal EUR
Datum	von: 27.06.	bis: 30.06.
Name	Familienname	Vorname(n)
Firma		
Adresse	Straße	Nummer
	Postleitzahl	Wohnort
	Land	
	Telefon	
	Fax	
	E-Mail-Adresse	

Rhythmus

Ent – schul – di – gung   Bahn – hof   im Bahn – hof   das ist im Zen – trum

wir sind hier   zehn Mi – nu – ten   buch – sta – bie – ren Sie bit – te   dan – ke

vie – len Dank

A 17 (1.33)
a) Klopfen Sie den Rhythmus:
● laut • leise
b) Sprechen Sie.

● Guten Tag! ↘
● Wo ist die Touristeninformation? ↗
● Ich suche das Hotel Lindenhof. ↘

○ Guten Tag! ↘
○ Da ist die Touristeninformation. ↘
○ Lindenhof? ↗ Moment, ... hier ist der Stadtplan. Das Hotel ist im Zentrum. ↘

A 18 (1.34)
Sprechen Sie.

Akzent und Sprechmelodie

Ich suche das Hotel Lindenhof. ↘

Die Akzentsilbe sprechen Sie etwas höher, die Sprechmelodie fällt. ↘

Haben Sie ein Kulturprogramm? ↗

Die Akzentsilbe sprechen Sie etwas tiefer, die Sprechmelodie steigt. ↗

A 19 (1.35)
Sprechen Sie nach.

Aussage:	Ich möchte einen Stadtplan. ↘	Mein Name ist Hlasek. ↘
W-Frage:	Wie ist Ihr Name? ↗	Wie schreibt man das? ↗
Ja-/Nein-Frage:	Haben Sie ein Kulturprogramm? ↗	Ist das weit? ↗
Nachfragen:	Wie bitte? ↗	Die Touristeninformation? ↗

A 20 (1.36)
Sprechen Sie.

● Woher kommen Sie? ( )
○ Aus Wien. ( )
● Wie? Wie bitte? ( )
○ Aus Wien. ( )
● Ah, aus Berlin! ( )
○ Nein, aus Wien! ( )

A 21 (1.37)
Markieren Sie die Sprechmelodie.
Sprechen Sie.

Schwierige Wörter aussprechen

Touristeninformation ↗	die Touristeninformation ↗	Wo ist die Touristeninformation? ↗
Frühstück ↘	mit Frühstück ↘	Ein Zimmer mit Frühstück. ↘
Einzelzimmer ↘	ein Einzelzimmer ↘	Ich möchte ein Einzelzimmer. ↘

A 22 (1.38)
Sprechen Sie langsam/schnell.

Artikelwörter und Substantiv: bestimmter Artikel

A 23
a) Vergleichen Sie.

Deutsch: **der** Weg (maskulin) **das** Hotel (neutrum) **die** Straße (feminin)

Ihre Sprache: ______ ______ ______

b) Ordnen Sie zu.

→ Ü 21

das der die

der ______ maskulin | ______ neutrum | ______ feminin

A 24
Vergleichen Sie. Markieren Sie (Verb) und Artikelwörter. wie in A 23.

→ Ü 22

Nominativ und Akkusativ

● Wo (ist) bitte der Bahnhof?

○ Hier haben Sie den Stadtplan. Sehen Sie, da finden Sie den Bahnhof.

● Wo ist bitte das Hotel Lindenhof?

○ Gehen Sie geradeaus. Da finden Sie das Hotel Lindenhof.

● Wo ist bitte die Touristeninformation?

○ Gehen Sie geradeaus. Da finden Sie rechts die Touristeninformation.

Regel

Ergänzen Sie.

Bestimmter Artikel: Nominativ → Akkusativ

der → ______

das → ______

die → ______

Verben mit Akkusativ:

Ich suche ***den Bahnhof.***

Da finden Sie ***den Bahnhof.***

Hast du ***den Prospekt?***

Ich möchte ***den Stadtplan.***

Satz: Ja-/Nein-Frage und W-Frage

A 25
a) Lesen Sie und markieren Sie die Fragen.

● Hallo, Beatrix. Hast du morgen Zeit?

○ Ja. Wir gehen in die Stadt.

● Wo ist die Alte Synagoge?

○ In der Altstadt.

● Ist das weit?

○ Nein. Wie heißt das Hotel?

● Lindenhof.

b) Ordnen Sie die Fragen.

→ Ü 23 – 24

Ja-/Nein-Frage 1	2		Antwort
Hast	*du*	*morgen Zeit?*	Ja.
		?	Nein.

W-Frage 1	2		Antwort
		?	In der Altstadt.
		?	Lindenhof.

Regel

Ergänzen Sie.

Ja-/Nein-Frage

Das Verb ist in Position ______.

Die Antwort ist „______“ oder „______“.

W-Frage

Das Verb ist in Position ______.

Verb und Subjekt: Konjugation Präsens

1
- ● Ich habe noch eine Frage: Wo ist das Hotel Lindenhof?
- ○ Sehen Sie hier, das ist ganz einfach. Wir sind hier. Gehen Sie die Kettwiger Straße Richtung Zentrum, ungefähr 200 Meter. Sie gehen rechts weiter, dann kommt der Kennedyplatz. Da ist die Logenstraße. Gehen Sie einfach geradeaus. Da finden Sie das Hotel Lindenhof.

2
- ● Hast du Zeit, Beatrix?
- ○ Nicht viel, nur zwei Stunden. Wir gehen in die Altstadt.
- ● Ich möchte auch zum Aalto-Theater.
- ○ Das findest du auch allein. Und das Museum Folkwang ist auch nicht weit.
- ● Gut.

Milena und Beatrix gehen in die Altstadt.

A 26
a) Markieren Sie das Verb und das Subjekt.

	gehen	finden	haben	**Endung**	⚠ sein
Singular					
ich	geh e	find e	hab ____	ich -e	bin
du	geh st	find ____	ha ____	du -____	bist
Sie	geh ____	find ____	hab en	Sie -____	sind
er es sie	geh t	find et	ha t	er es -____ sie	________
Plural					
wir	geh ____	find en	hab en	wir -____	________
Sie	geh ____	find en	hab en	sie -____	sind
sie	geh ____	find en	hab en	sie -____	sind

Verb: – / Endung

b) Ergänzen Sie die Tabelle.

→ Ü 25 – 26

⚠ ich spreche, du sprichst, Sie sprechen, er/es/sie spricht, wir sprechen

Präpositionen

Wohin? ⟹
Kommst du **zum** Beach-Volleyball?
Ich möchte auch **zum** Aalto-Theater.
Wir gehen **in die** Altstadt.

Wo? ⊙
Das ist **am** Kennedyplatz.
Die Ausstellung ist **in der** Orangerie.
Tickets gibt es **im** Bahnhof.
Das ist **im** Zentrum.

Das Konzert

A 1
Informationen zu Personen
Wer sind die Young Gods? Sammeln Sie.

Es ist heiß. Viele Leute sind da. Die Bühne ist dunkel. Das Licht geht an.
Das Konzert beginnt: Auf der Bühne steht eine Band, die „Young Gods". Links ist Bernard Trontin, in der Mitte Franz Treichler und rechts Alain Monod. Die Young Gods machen Musik. Sie spielen Rockmusik. Sie komponieren auch Ballettmusik und produzieren CDs.

1.39
A 2
Notieren Sie.

Name
Alter
Instrument

→ Ü 1 – 2

- ● Hallo, Franz. Hast du Zeit? Nur drei, vier Fragen?
- ○ Ja, ist okay.
- ● Danke. Franz, du bist der Sänger. Wie lange singst du schon?
- ○ 20 Jahre.
- ● Spielst du auch ein Instrument?
- ○ Ja, natürlich.
- ● Was spielst du?
- ○ Ich spiele Gitarre.
- ● Wie alt bist du und woher kommst du?
- ○ Ich bin 35 und ich komme aus Genf in der Schweiz.
- ● Noch eine Frage: Welche Sprachen sprichst du?
- ○ Ich spreche Französisch, Deutsch, Spanisch und Englisch.

Im Studio: Zahlen und Musik

1.40
A 3
Zahlen und Daten
Welche Zahlen hören Sie?

→ Ü 3 – 4

Die Young Gods sind im Studio. Sie machen eine CD. Hier stehen ein Computer, ein Mikrofon und Musikinstrumente. Alain macht ein Experiment: Er mischt Zahlen und Musik.

Die Welt-Tour

Unterwegs ... on the road ...
Die „Young Gods“ sind acht Monate unterwegs: Sie starten in Europa – von Januar bis März sind sie in der Schweiz, in Deutschland, Polen und Russland. Im Mai und Juni gehen sie dann sechs Wochen nach Nord- und Südamerika: USA, Mexiko und Brasilien. Im August fliegen sie nach Asien: Sie spielen in Peking und Bangkok. Im September und Oktober sind sie wieder in Europa, in Österreich, in der Tschechischen Republik, Ungarn, Italien, Spanien und Portugal. Im November und Dezember haben sie frei.

Young Gods Tour-Plan

	Woche 1	Woche 2	Woche 3	Woche 4
Januar			CH: Zürich, Bern	CH: Genf
Februar			Festival Frison	
März	D: Potsdam, Berlin	D: Bremen, Hamburg	PL: Warschau, Lodz	RU: Moskau
April				
Mai	USA: New York	USA: San Francisco	Mexiko: Mexiko City	Mexiko: Mexiko City
Juni	Brasilien: São Paulo	Brasilien: Curitiba		
Juli			F: Lyon, Paris, Mulhouse	GB: London, Manchester
August	China: Peking	Thailand: Bangkok		
September		A: Wien, Innsbruck	CZ: Prag	H: Budapest, A: Graz
Oktober	I: Mailand, Rom	E: Barcelona, Madrid	P: Lissabon, Porto	

A 4 (1.41)
Informationen zu Ort und Zeit
a) Wo spielen die Young Gods im März? Wohin gehen sie im Juni?
→ Ü 5 – 6
b) Fragen Sie den Partner / die Partnerin.

Die Youngs Gods spielen in 7 Städten in der Schweiz und in Deutschland.

Monat für Monat „on the road“ ... Im März in Deutschland ... Am Ersten gehen sie nach Potsdam, am Zweiten fahren sie nach Berlin, am Dritten sind sie in ... Woche für Woche ... von Montag bis Sonntag ... auch am Wochenende.

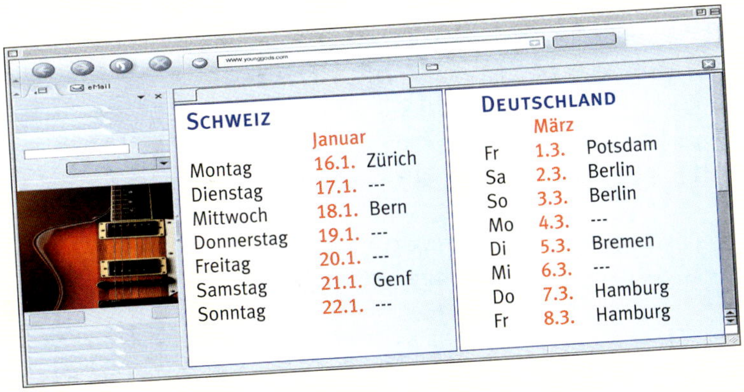

A 5 (1.42)
a) Wann sind die Young Gods in Deutschland?
→ Ü 7
b) Vergleichen Sie die Radiomeldung und den Tour-Plan. Was ist auf dem Plan anders?
c) Wo und wann spielen die Young Gods in der Schweiz?
→ Ü 8

Informationen austauschen: Ort und Zeit

Wo spielen die Young Gods im März?	In Deutschland, in Hamburg.
Wohin gehen sie im Juni?	Nach Lateinamerika.
Von wann bis wann sind sie in der Schweiz?	Vom sechzehnten bis einundzwanzigsten Januar.
Wie lange sind sie in Asien?	Zwei Wochen.
Wann spielen die Young Gods in Bremen?	Am fünften März.

Im Januar gehen die Young Gods nach ...
Am Montag spielen sie in ...

A 6
Die Tour in der Schweiz: Machen Sie eine Radiomeldung.

Das Mozart Quartett Salzburg

A 7
Informationen sammeln und vergleichen
a) Mozart Quartett: Wer ist das? Was machen sie?

→ Ü 9

b) Das Mozart Quartett und die Young Gods. Vergleichen Sie.

→ Ü 10

Das „Mozart Quartett Salzburg" gibt es seit 1996. Die vier Musiker und Musikerinnen spielen Klassik. Links ist Werner Neugebauer. Er kommt aus Graz. Er spielt Violine. Daneben ist Claudia Hofert. Sie kommt aus Deutschland – aus Ahrensburg bei Hamburg. Sie spielt Viola. Nanni Zimmerebner kommt aus Österreich, aus Salzburg. Sie spielt Violine. Rechts ist Matthias Beckmann. Er spielt Violoncello. Er kommt aus Nürnberg. Die vier sind heute sehr bekannt: Sie treten im In- und Ausland auf. Sie spielen Stücke von Mozart, Schubert, Boccherini, ... Das Mozart Quartett unterstützt Schulen in Afrika: Die Initiative heißt „Mozart goes Africa". Die Musiker spenden 5 Euro pro CD. Schüler und Schülerinnen in Afrika kaufen dann Bücher, Hefte und Bleistifte.

Musik, Musik, Musik

1.43

A 8
Über Musik sprechen
a) Ordnen Sie Dialoge und Bilder zu.

	Bild
Dialog 1	

b) Was sagen die Leute? Sammeln Sie.

→ Ü 11 – 12

A

B

C

1
- ● Hallo, Christian.
- ○ Hallo, Viktoria, wie findest du das Konzert?
- ● Spitze, sehr gut! Die Musik ist super! Und du?
- ○ Ich finde es schlecht. Der Sänger ist eine Katastrophe!
- ● Findest du? Welche Musik hörst du denn gerne?
- ○ Ich mag Jazz. Und du?
- ● Ich mag lieber Rock.
- ○ ...

2
- ● Wie finden Sie das Violinkonzert?
- ○ Nicht schlecht. Und Sie?
- ● Das Konzert – schön! Die Solistin – einfach toll!
- ○ Wie heißt sie?
- ● Ich weiß auch nicht.
- ○ Haben Sie ein Programm?
- ● Ja, hier.
- ○ ...

1.45

A 9
a) Wie finden Sie die Musik?

	+	–
1		
2		

b) Fragen Sie im Kurs: Wie finden Sie Musik 1, ...?

Gefallen ausdrücken

Magst du Volksmusik?	Nein, ich mag lieber Rock.
Mögen Sie Jazz?	Ja, ich mag Jazz.
Welche Musik hörst du gerne?	Klassik.
Welche Musik hören Sie nicht gerne?	Techno mag ich nicht.
Wie findest du das Konzert?	Spitze!
Wie finden Sie Mozart?	Sehr gut.

– ←————————————————→ +

Sehr schlecht. Schlecht. Nicht so gut. Nicht schlecht. Gut. Schön. Super! Spitze! Toll!

Texte verstehen: W-Fragen

Herbert Grönemeyer – Das Comeback

Nach einer langen Pause ist der Rocksänger Herbert Grönemeyer endlich wieder auf Tour. Er gibt im November Konzerte in Deutschland und in der Schweiz.

Grönemeyer geht mit seiner Platte „Mensch" auf Tour. Er sagt: „Die Platte ist traurig, aber auch optimistisch".
Grönemeyer ist sehr bekannt, nicht nur in Deutschland: Mit elf Millionen Platten ist er ein Star. Er singt und spielt schon lange. 1991 gibt er ein Konzert in Berlin vor 100 000 Zuschauern und im Praterstadion in Wien sind es 50 000 Fans. 1994 dann die Sensation: Grönemeyer spielt als erster deutscher Musiker für „MTV unplugged". Er singt auf Deutsch und auf Englisch. 1999 geht er mit der CD „Bleibt alles anders" auf Tour. Es kommen 600 000 Leute zu den Konzerten. Herbert Grönemeyer lebt in Deutschland und England. Er spielt auch Theater und in Filmen, zum Beispiel im Film „Das Boot". – Und jetzt das Comeback mit „Mensch".

DISKOGRAPHIE

2002 Mensch
1998 Bleibt alles anders
1995 Grönemeyer live
1995 Unplugged Herbert
1993 Chaos
1990 Luxus
1984 Bochum
...

TOURDATEN

08.11. Friedrichshafen
10.11. Stuttgart
11.11. Nürnberg
12.11. Leipzig
14.11. Hannover
15.11. Köln
16.11. Köln
18.11. München
19.11. München
20.11. Zürich

Grönemeyer im Internet:

http://www.groenemeyer.de/

A 10
Suchen Sie Antworten:
Wer, was, wann, wo?
Markieren Sie im Text und notieren Sie.

→ Ü 13 – 15

Wer? Person	Was? Handlung/ Zustand/Sache	Wann? Zeit	Wo? Ort
Grönemeyer Fans	ist auf Tour gibt Konzerte		

Zahlen und W-Fragen
Wie viel?
Wie ist die Nummer?
Wo?
Wie lange?
Wann?

A 11 1.46
Wie viel, wann?
Notieren Sie Zahlen.

Musik

A 12
a) Ergänzen Sie die Mind-map.
b) Zeichnen Sie Ihre Mind-map.

➜ Ü 16

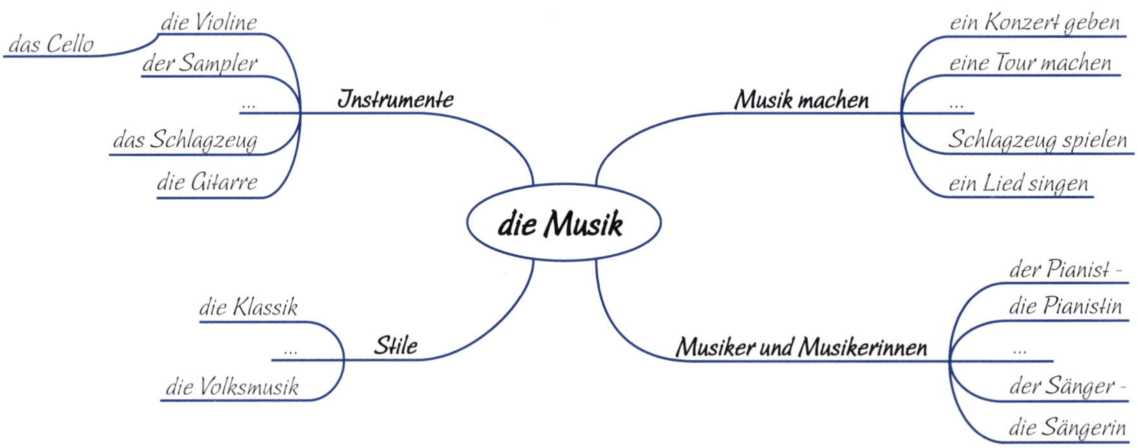

Datum, Monate, Wochentage

1.50

A 13
a) Lesen Sie und sprechen Sie mit.
b) Notieren Sie und markieren Sie Unterschiede und Regelmäßigkeiten:

1 eins
1. der erste
2. der zweite

➜ Ü 17

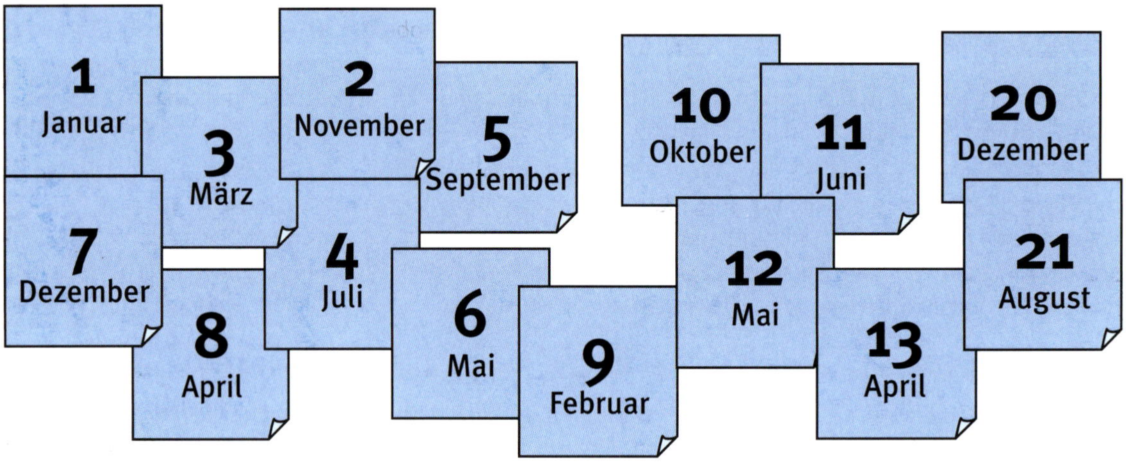

1.51

A 14
Sprechen Sie mit und markieren Sie den Akzentvokal.

➜ Ü 18 – 19

Januar	Februar	März	April	Mai	Juni
Juli	August	September	Oktober	November	Dezember

A 15
a) Wann haben Sie Geburtstag?

➜ Ü 20

b) Was ist am …? Sammeln Sie wichtige Daten.

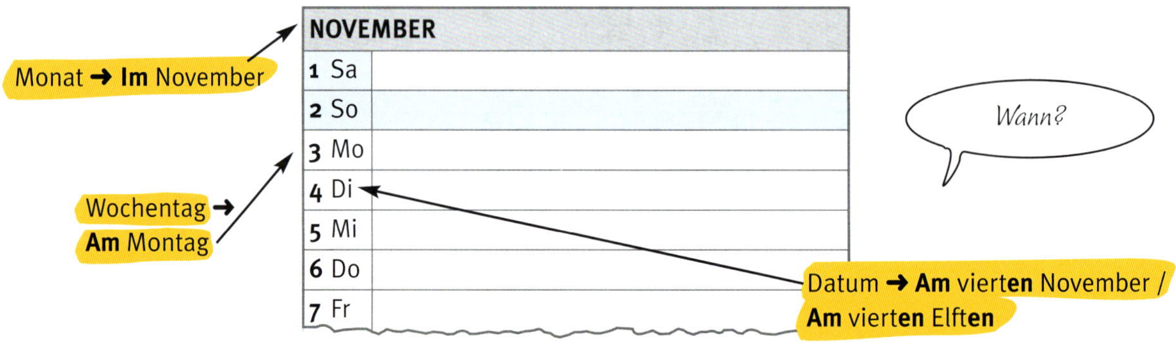

Vokale

super!!

toll

sehr gut

schön

fantastisch

spitze

wunderbar

Wie findest du das Konzert?

sehr schlecht

blöd

langweilig

schlecht

eine Katastrophe!!

A 16 1.52
Sprechen Sie emotional: ☺ / ☹

Lange und kurze Vokale

Graz Wien Bremen Oktober Juni

Samstag Mittwoch September Potsdam Ungarn

Graz – Samstag Wien – Mittwoch Bremen – September

Oktober – Potsdam Juni – Ungarn

A 17 1.53
a) Lesen Sie halblaut mit. Sprechen Sie nach.
b) Sprechen Sie Paare.

finden welche hören super lieber Sänger Konzert Katastrophe Programm denn

ich_mag sehr_gut welche_Musik gerne_hören Pop_und_Rock nicht_gut_finden

A 18 1.54
Markieren Sie den Akzentvokal _ lang oder . kurz. Sprechen Sie.

Dialoge sprechen

- ● Hallo, Christian. ↘
- ○ Hallo, Viktoria, ↘ wie findest du das Konzert? ↗
- ● Spitze, sehr gut! ↘ Die Musik ist super! ↘ Und du? ↗
- ○ Ich finde es schlecht. ↘ Und der Sänger ist eine Katastrophe! ↘
- ● Findest du? ↗ Welche Musik hörst du denn gerne? ↘
- ○ Ich mag Jazz. ↘

A 19 1.55
a) Lesen Sie halblaut mit.
b) Sprechen Sie mit dem Partner / der Partnerin.

Sie lernen Wörter: Markieren Sie immer den Akzentvokal _ lang oder . kurz.
Sprechen Sie dann die Wörter laut.

Unbestimmter und bestimmter Artikel: Funktion

A 20
a) Lesen Sie.
b) Markieren Sie Artikel und Substantiv.

- ● Morgen ist ein Konzert in Bremen.
- ○ Ein Konzert? Wer spielt da?
- ● Eine Band aus der Schweiz.
- ○ Wie heißt die Band?
- ● Young Gods.

- ○ Hast du eine CD?
- ● Ja, natürlich, hör mal. – Wie findest du die CD?
- ○ Gut. Sie gefällt mir sehr gut.
- ● Kommst du jetzt zum Konzert?
- ○ Ja, die Band ist super!

A 21
Lesen Sie. Vergleichen Sie Text und Bilder.

→ Ü 27

- ● Wer spielt da?
- ○ Eine Band aus Deutschland.

- ● Wie heißt die Band?
- ○ Kraftwerk.

Regel

Ergänzen Sie.

der, das, die • ein, ein, eine

Unbestimmter Artikel: ____________________: unbekannt oder im Text neu.

Bestimmter Artikel: ____________________: bekannt oder im Text nicht neu.

A 22 **Nominativ und Akkusativ (Singular)**

a) Lesen Sie.

- ● Heute ist ein Rock-Konzert. Ich habe noch ein Ticket.
- ○ Wann beginnt das Konzert?
- ● Um 20 Uhr.
- ○ Wer spielt da?
- ● Ein Rock-Sänger aus Deutschland.

- ● Wie heißt der Sänger?
- ○ Herbert Grönemeyer. Er hat eine CD, „Mensch". Die CD ist Spitze! Kommst du zum Konzert?
- ● Ja, gerne!
- ○ Okay, hier ist das Ticket.

b) Sortieren Sie die Artikel.

→ Ü 28 – 30

Singular	maskulin	neutrum	feminin
Nominativ	*der* / ______ Sänger	______ / ______ Ticket	______ / eine CD
Akkusativ	den / *einen* Sänger	das / ______ Ticket	die / ______ CD

Regel

Ergänzen Sie Artikelformen und Regeln.

Unbestimmter und bestimmter Artikel: Nominativ und Akkusativ (Singular)

a) maskulin:
Nominativ ≠ Akkusativ

Nominativ: ____________________

⚠ Akkusativ: ____________________

b) neutrum: *das / ein*
Nominativ = Akkusativ

c) feminin: ____________________
Nominativ

Unbestimmter und bestimmter Artikel: Plural

Singular
Der Musiker spielt ein Stück von Mozart.
Die Musikerin unterstützt eine Schule in Afrika.
Eine Schülerin in Afrika kauft dann ein Buch, ein Heft und einen Bleistift.

Plural
Die Musiker spielen ☐ Stücke von Mozart.
Die Musikerinnen unterstützen ☐ Schulen in Afrika.
☐ Schülerinnen in Afrika kaufen dann ☐ Bücher, ☐ Hefte und ☐ Bleistifte.

A 23
a) Vergleichen Sie die Texte. Markieren Sie die Artikel im Singular und im Plural.

Bestimmter Artikel

Nominativ Singular	Akkusativ Singular	Nominativ/ Akkusativ Plural
der	den	
das	das	________
die	die	

Unbestimmter Artikel

Nominativ Singular	Akkusativ Singular	Nominativ/ Akkusativ Plural
ein	einen	
ein	ein	Null -Artikel
eine	eine	

b) Ergänzen Sie die Plural-Artikel.

→ Ü 31 – 33

Substantiv: Plural

Singular	Plural	Singular	Plural
der Musiker	*die Musiker*	eine Schülerin	________
ein Stück	________	ein Buch	________
die Musikerin	________	ein Bleistift	________
eine Schule	________	ein Heft	________

A 24
a) Ergänzen Sie Artikel und Substantive im Plural.

Plural-Endungen

-e	-n	-(n)en	¨-er	☐
________	________	*Musikerinnen*	________	*Musiker* ☐
________		________		________
________				

b) Sortieren Sie die Substantive im Plural.

Null -Artikel
Hast du heute ☐ Zeit?
Die Young Gods machen ☐ Musik.
Sie spielen ☐ Rockmusik.
Franz spielt ☐ Gitarre.
Werner Neugebauer spielt ☐ Violine.
Magst du ☐ Volksmusik/Jazz?

Tagesablauf – Arbeit – Freizeit

Am Morgen

A 1
Tagesablauf beschreiben
a) Was macht Sara am Morgen?

Wann – Was

1.56 b) Was passiert? Erzählen Sie.

→ Ü 1–2

Um 6 Uhr klingelt der Wecker. Sara Becker steht nicht gerne auf. Sie bleibt noch einen Moment liegen – fünf, sechs Minuten – und hört Radio. Sie steht langsam auf. Es ist Viertel nach sechs. Zuerst duscht sie, dann holt sie die Zeitung und macht das Frühstück. Sie kocht Wasser und macht Kaffee. Etwa um sieben Uhr frühstückt sie. Sie isst Cornflakes und liest die Zeitung.
Um Viertel nach sieben geht sie los. Sie schließt die Tür und rennt zur U-Bahn. Die U-Bahn fährt genau um 7 Uhr 30 ab. Heute ist die U-Bahn voll und Sara findet keinen Platz.
Es ist Viertel vor acht. Die U2 kommt im Stadtzentrum an: U-Bahn-Station Spittelmarkt. Sara steigt aus und geht zu Fuß weiter.

Im Büro

Berlin: Axel-Springer-Straße 65. Redaktion Berliner Abendpost. Hier arbeitet Sara Becker. Im Flur trifft sie Frau Huber, die Chefin:

1.57

A 2
Begrüßen und verabschieden
Was sagt Sara?

Begrüßen
Verabschieden

→ Ü 3–4

- ● Guten Morgen, Frau Huber!
- ○ Guten Morgen, Frau Becker. Wie geht es Ihnen?
- ● Danke, gut. Und Ihnen?
- ○ Danke, es geht. Was machen Sie heute?
- ● Heute mache ich die Seite „Ein Tag im Leben von …"

...

Sara Becker ist Fotografin und Journalistin. Sie arbeitet bei der „Berliner Abendpost". Sie macht die Seite „Ein Tag im Leben von …". Einmal pro Woche ein Porträt: eine Person, zwei, drei Fotos und ein Interview. Heute macht Sara das Interview mit Karl Kuhn, Student und Nachtportier.

Im Büro liest Sara zuerst die E-Mails:

A 3
Termine vereinbaren
Herr Kuhn hat ein Terminproblem. Schreiben Sie eine Antwort.

→ Ü 5

Interview

Von: k.kuhn@t-online.de
An: s.becker@abendpost.de
Betreff: Interview

Guten Tag, Frau Becker,

danke für die E-Mail. Der Termin um 14 Uhr im Café „Aroma" ist nicht möglich. Geht auch 15 Uhr? Bitte kurz antworten. Danke!

Karl Kuhn

Kein Problem! Sie hat auch um 15 Uhr Zeit. Sie schreibt Karl Kuhn eine Antwort.

Das Interview

Sara Becker bereitet das Interview vor. Sie braucht die Kamera und Filme. Und das Kassettengerät nicht vergessen! Und dann noch die Fragen – wo sind die Notizen für das Interview?

A 4
Ein Interview machen
Was macht Sara vor dem Interview? Sammeln Sie.

Name: Karl Kuhn
Nachtportier – Traumberuf?
Arbeit: Was? Wo? Wann?
Studium: Was? Wann?
Arbeit und Studium: Probleme? Zeit?
Freizeit? Zeit für Freunde?
Geld? – Lohn?

A 5 1.58
Notieren Sie Fragen zum Interview.

→ Ü 6 – 8

Am Nachmittag um drei Uhr trifft Sara Karl Kuhn im Café „Aroma". Zuerst macht sie das Interview und dann macht sie die Fotos.

16 Uhr 30: Sara ist zurück im Büro. Sie arbeitet am Computer. Zuerst sieht sie die Fotos an. Zwei gefallen ihr gut. Dann schreibt sie den Artikel. Sie arbeitet heute lange.
19 Uhr: „Ein Tag im Leben von ..." ist fertig. Sara ist müde, aber zufrieden. Sie kauft noch ein und geht nach Hause ...

Am Abend ist Sara allein. Sie isst einen Salat und ein Sandwich und liest die Zeitung. Dann sieht sie noch ein bisschen fern: heute keinen Krimi, nur die Nachrichten. Sie ist müde und geht um halb elf schlafen.

A 6
Tätigkeiten beschreiben
Was macht Sara am Nachmittag? Was am Abend?

Wann – Was

Gespräch: Sie-Form

Guten Tag, Frau Huber.	Guten Tag, Frau Becker. Wie geht es Ihnen?
Danke gut. Und Ihnen?	Danke, es geht. Was machen Sie heute?
Ich schreibe einen Artikel.	Ach ja, natürlich. Und? Ist alles okay?
Ja, heute mache ich das Interview.	Gut, dann viel Glück und auf Wiedersehen.
Auf Wiedersehen. Bis bald.	

Einen Termin ausmachen

Heute um 14 Uhr im Café „Aroma".	Tut mir leid, das ist nicht möglich.
Geht 15 Uhr?	Ja, das geht, da habe ich Zeit.
Gut, dann um 15 Uhr. Bis bald.	Tschüs! Bis bald.

A 7
Spielen Sie.

4

Freizeit

A 8
Freizeit beschreiben
Was machen die Leute? Sammeln Sie.
➜ Ü 9 – 10

Samstagmittag – Berlin Tiergarten: Heute arbeitet Sara nicht. Sie hat frei und geht im Park spazieren. Am Wochenende sind da viele Leute. Sie essen und trinken, sie diskutieren und lachen. Viele machen Sport: Sie joggen oder spielen Fußball. Eine Gruppe macht Yoga und da vorne ist ein Konzert. Da links liest eine Frau ein Buch, und da rechts schläft ein Mann. Alle haben Zeit ....
Sara trifft Gabi, eine Freundin.

1.59
A 9
Arbeit und Freizeit
Wer ist Gabi? Was machen Gabi und Sara?
➜ Ü 11

● Hallo, Gabi!
○ Hallo, Sara! Wie geht es dir?
● Danke, sehr gut. Ich habe jetzt einen Job. Ich arbeite als Journalistin bei der Abendpost. Und du? Was machst du?
○ Ach, mir geht es schlecht. ...

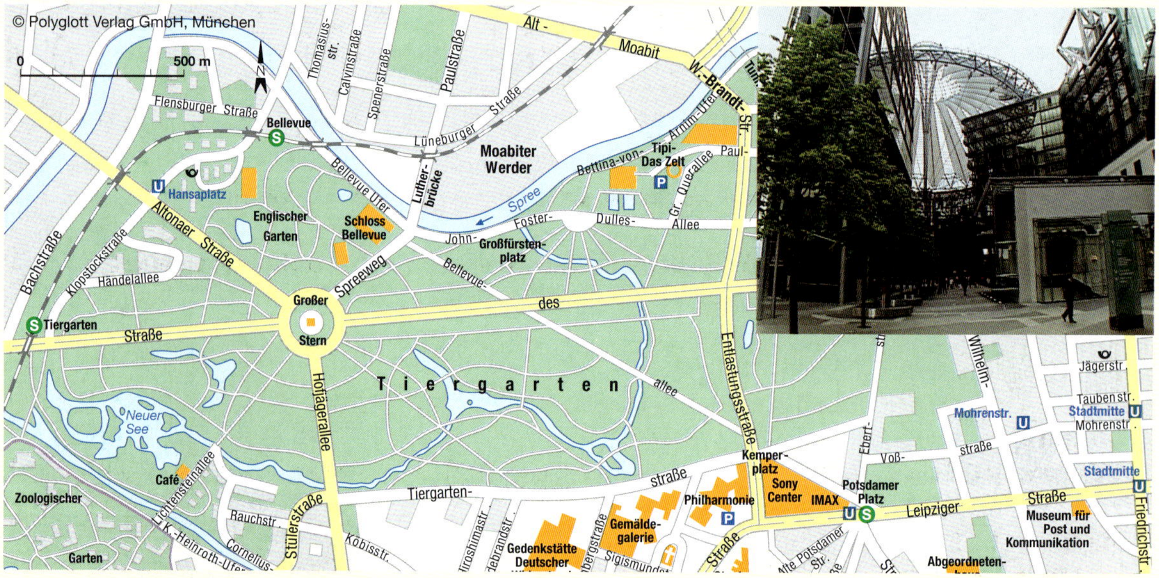

A 10
Spielen Sie.

Gespräch: Du-Form

Hallo, Gabi!	Hallo, Sara!
Wie geht es dir?	Danke, gut.
	Mir geht es schlecht.
Was arbeitest du?	Ich habe jetzt einen Job.
	Ich arbeite als Journalistin bei der Abendpost.
Was machst du?	Ich habe keine Arbeit.
	Ich bin immer noch arbeitslos.

Gemeinsam etwas tun

Ich gehe in die Nationalgalerie. Kommst du mit?	Einverstanden!
Hast du Zeit?	Das geht leider nicht.
Heute Abend gehen wir ins Kino! Hast du Lust?	Ja, natürlich.

Gespräche im Alltag

A 11 1.60

a) Ordnen Sie Dialoge und Situationen zu.

Dialog _1_

Dialog ___

Dialog ___

Dialog ___

Dialog ___

Dialog ___

A **Begrüßen**

B **Sich bedanken**

C **Einladen**

D **Jemanden ansprechen**

E **Nach dem Befinden fragen**

F **Sich verabschieden**

b) Welcher Titel passt zu welchem Dialog?

➜ Ü 12 – 13

Test: Was machen Sie?

Situation 1

Sie sitzen im Café. Sie möchten ein Mineralwasser. Die Bedienung sieht Sie nicht. Was machen Sie?

Was sagen Sie?

- ☐ Entschuldigung!
- ☐ Bedienung!
- ☐ Hallo!
- ☐ He, Sie!

☐

☐

☐

Situation 2

Sie treffen einen Mann. Sie kennen ihn, aber Sie wissen den Namen nicht mehr. Was sagen Sie?

- ☐ Guten Tag, mein Herr.
- ☐ Tschüs. Wie geht es dir?
- ☐ Entschuldigung, ich weiß Ihren Namen nicht.
- ☐ Guten Tag.
- ☐ Ich heiße ... Und Sie?

Situation 3

Sie suchen die U-Bahn-Station. Sie wissen den Weg nicht. Sie treffen eine Frau. Sie ist 50 Jahre alt. Was sagen Sie?

- ☐ Hallo. Wo ist ...?
- ☐ Angenehm, ich heiße ... . Wo ist ...?
- ☐ Ich bin ... . Und Sie? Wo ist ...?
- ☐ Entschuldigung, wo ist ...?

A 12

a) Kreuzen Sie an. Vergleichen Sie im Kurs.

b) Spielen Sie eine andere Situation.

Satz: trennbare Verben und Satzklammer

A 21
a) Markieren Sie die Verben im Text.

losgehen • duschen • aufstehen • machen

Sara Becker steht nicht gerne auf. Sie steht langsam auf. Zuerst duscht sie, dann macht sie das Frühstück. Um Viertel nach sieben geht sie los.

b) Sortieren Sie die Verben.
➜ Ü 18

einfache Verben	trennbare Verben: Präfix/Verb
	auf / *stehen*
	/

A 22
Schreiben Sie die Sätze aus A 21 in die „Satzklammer".
➜ Ü 19 – 20

	Satzklammer: Verb		Satzklammer: Präfix
Sara Becker	*steht*	*nicht gerne*	*auf*.
dann			

Trennbare Verben: Betonung

auf/stehen — Sara Becker steht nicht gerne auf. — Präfix/Verb

Regel Ergänzen Sie.

Aussagesatz: Das Verb steht in Position ____, das betonte ____________ steht am Ende.

Artikelwörter und Substantiv: „ein-" und „kein-"

A 23
a) Markieren Sie „ein-" und „kein-".

Die U-Bahn ist voll. Findet Sara einen Platz? – Nein, Sara findet keinen Platz.
Ist 15 Uhr ein Problem? – Nein, 15 Uhr ist kein Problem.
Hat Gabi eine Arbeit? – Nein, Gabi hat keine Arbeit, sie ist arbeitslos.
Hast du ☐ Probleme? – Nein, ich habe keine Probleme.

b) Ergänzen Sie die Tabelle.
➜ Ü21

Singular	maskulin	neutrum	feminin	Plural
Nominativ	*ein* / *kein* Platz	____ / ____ Problem	*eine* / ____ Arbeit	☐ / *keine* Probleme
Akkusativ	*einen* / ____ Platz	*ein* / *kein* Problem	____ / ____ Arbeit	____ / ____ Probleme

Negation: „nicht" – „kein-"

Sara steht nicht gerne auf.
Das geht leider nicht.
Und das Kassettengerät nicht vergessen!
Heute arbeitet Sara nicht.

Sara findet keinen Platz.
Kein Problem!
Heute sieht sie keinen Krimi.
Ich habe keine Arbeit.

A 24
Vergleichen Sie:
Wann steht „nicht",
wann steht „kein-"?

➜ Ü 22

Negation: „nicht" oder „kein-"?

Beim Verb ➜ ______________ Beim Substantiv ➜ ______________

Sara arbeitet ______________. Sara hat ______________ Zeit.

Regel
Ergänzen Sie.

Satzbaupläne: Verb und Ergänzungen

06.00 Uhr Der Wecker (klingelt). Sara Becker steht auf. Sie ist Journalistin.
08.00 Uhr Sara Becker bereitet das Interview vor.
15.00 Uhr Sara trifft Karl Kuhn. Karl Kuhn ist Student und Nachtportier.
Sie machen das Interview und Fotos.
16.30 Uhr Sara schreibt den Artikel.

A 25
a) Markieren Sie das (Verb) und das Subjekt.

b) Ergänzen Sie die Sätze.

➜ Ü 23 – 24

Subjekt und Verb

Subjekt Wer? oder Was?	Verb
Der Wecker	*klingelt.*

Subjekt, Verb und Akkusativ-Ergänzung

Subjekt Wer? oder Was?	Verb	Akkusativ-Ergänzung Wen? oder Was?
Sara Becker	*bereitet*	*das Interview* *vor*.

Subjekt, Verb und Nominativ-Ergänzung

Subjekt Wer? oder Was?	Verb	Nominativ-Ergänzung Wer? oder Was?
Sie	*ist*	*Journalistin.*

5 Essen – Trinken – Einkaufen

Im Bistro

A 1
Sich informieren
Lesen Sie die Karte.
Was kennen Sie?
Markieren Sie.

→ Ü 1 – 2

Warme Getränke

Tee (mit Zitrone/Milch)	2,20 €
Kaffee	2,20 €
Espresso	2,00 €
Cappuccino	2,50 €

Kalte Getränke

Mineralwasser (0,3 L)	1,60 €
Orangensaft (0,2 L)	2,00 €
Apfelsaft (0,2 L)	2,00 €
Limonade (Cola, Fanta, 0,3L)	1,80 €

Frühstück

Ei, Brötchen, Butter Marmelade	4,50 €
Bio-Frühstück: Müsli, Obst, Joghurt	5,00 €

Kleine Speisen

Salat-Sandwich	3,80 €
Käse-Sandwich	4,00 €
Salami-Sandwich	4,20 €
Schinken-Sandwich	4,50 €
Mini-Pizza	3,50 €
Tagessuppe	3,00 €

1.79

A 2
Bestellen
a) Was möchte die Frau, was der Mann?
b) Spielen Sie.

→ Ü 3

● Guten Tag, was möchten Sie?
○ Tee, bitte!
● Mit Zitrone?
○ Ja, gerne.
■ Und ich nehme ein Mineralwasser und ein Käse-Sandwich, bitte!
● Ist das alles?
○ Kann ich auch ein Sandwich haben, mit Salat, bitte?
● Also, zwei Sandwichs, einmal mit Salat und einmal mit Käse, einen Tee und ein Mineralwasser.

1.80

A 3
Bezahlen
Stimmt die Rechnung?

→ Ü 4 – 5

○ Wie spät ist es?
■ Kurz vor fünf.
○ Ich muss noch einkaufen. Morgen ist das Kursfest.
■ Kann ich mitkommen?
○ Gerne!
■ Zahlen, bitte!

Auf dem Markt

Hühnersuppe mit Gemüse

2 kg Hühnerfleisch
12 Frühlingszwiebeln
100 g Spinat
4 Selleriestangen
400 g Sojasprossen
Lorbeerblätter
Ingwer

- ● Wer ist dran?
- ○ Ich möchte ein Huhn. Ist das frisch?
- ● Natürlich! Ganz frisch!
- ○ Wie schwer ist das?
- ● Moment mal, 950 Gramm.
- ○ Dann brauche ich noch eins.
- ● Aber gerne! Das macht dann 12 Euro fünfzig.
- ■ Was kochst du eigentlich?
- ○ Ich will eine Suppe kochen: Hühnersuppe mit Gemüse. Komm, wir müssen noch Gemüse kaufen.

1.81

A 4
Einkaufen
a) Was kaufen die beiden ein?
b) Was fehlt noch?
c) Kaufen Sie das Gemüse.

➜ Ü 6

A 5
Was kochen Sie gerne?
a) Schreiben Sie einen Einkaufszettel.
b) Spielen Sie Einkaufen.

Einkaufszentrum, Supermarkt, Tante-Emma-Laden

Nach der Arbeit haben die Leute wenig Zeit. Sie können nur schnell im Supermarkt einkaufen. Dort gibt es alles: Fisch, Fleisch, Gemüse, Brot, Milchprodukte und Getränke.
Am Samstag fahren viele ins Einkaufszentrum.
Natürlich gibt es auch noch kleine Geschäfte: Fleisch und Wurst kann man in der Metzgerei kaufen – Brot und Kuchen in der Bäckerei. In „Tante-Emma-Läden" bekommt man auch Lebensmittel, aber die sind oft teuer.
Auf dem Markt kann man viele Leute treffen und dort sind die Produkte frisch – aber nicht billig!

A 6
Einkaufs-möglichkeiten
a) Vergleichen Sie:

+	–

b) Wo kaufen Sie was?

➜ Ü 7 – 8

Bestellen und Bezahlen

Was möchten Sie?
Sonst noch etwas?
Kommt sofort.
Das macht zusammen 11 Euro 20.

Ich nehme das Bio-Frühstück und Tee.
Kann ich ein Käse-Sandwich haben?
Zahlen, bitte!
Hier, bitte.

Einkaufen

Wer ist dran?
Ja, ganz frisch!
Das kostet 12 Euro.

Ich möchte 100 Gramm Spinat. Haben Sie Ingwer?
Was kostet das?
Hier, bitte.

Das Fest

A 7
Einladen
Lesen Sie das Programm. Notieren Sie:

Länder
Musik

→ Ü 9

160 Studentinnen und Studenten machen einen Deutschkurs in Bremen. Sie kommen aus 48 Ländern. Heute feiern sie ein Fest. Sie machen das Programm: Sie spielen Musik, stellen die Länder vor und bieten Spezialitäten an. Es kommen viele Gäste.

Sommerfest

Wann? Am **2. August** ab **16.00 Uhr**

Wo? Im **Hof der Sprachenschule**

Was?

Ab 16.00 Uhr	Kaffee und Kuchen
17.00 Uhr	Das Bremer Streichquartett spielt Vivaldi
17.30 Uhr	Dia-Vortrag und Video über Nepal
18.00 Uhr	Musik aus Thailand
ab 19.00 Uhr	Internationales Büfett
ab 20.00 Uhr	Musik aus aller Welt
ab 22.00 Uhr	Disco

A 8
Laden Sie einen Freund / eine Freundin zum Kursfest ein.

→ Ü 10

1.82

A 9
a) Ordnen Sie zu.

1

Dialog ______

2

Dialog ______

3

Dialog ______

b) Sie gehen auf das Fest. Spielen Sie.

A
- ● Hallo, wie geht's?
- ○ Sehr gut, danke.
- ● Was isst du da? Darf ich das mal probieren?
- ○ Gerne! Und, schmeckt's?
- ● Nein, das schmeckt mir nicht.

B
- ● Das musst du probieren, das schmeckt gut!
- ○ Was ist das?
- ● Das ist ein Gericht aus Thailand.
- ○ Ist das scharf?
- ● Ja, ein bisschen ...

C
- ● Kommst du mit?
- ○ Wohin?
- ● In den Hof, ich möchte tanzen!
- ○ Ich kann nicht tanzen!
- ● Kein Problem, ich auch nicht.

Sich verabreden

Hast du am 2. August Zeit?	Nein, ich habe keine Zeit.
Kommst du zum Fest?	Ja, ich komme gerne.

Über das Essen sprechen

Was ist das?	Das ist ein Gericht aus Thailand.
Wie schmeckt das?	Sehr gut!
Schmeckt's?	Das schmeckt mir nicht.
Ist das scharf?	Ein bisschen.

Nachfragen

1

- Entschuldigung, was ist „Bami Goreng“?
- Das ist ein Gericht aus Indonesien.
- Und was ist das?
- Das ist Fleisch mit Nudeln.

A 10
a) Lesen Sie und markieren Sie Fragen.

2

- Probier mal! Das sind „Chicken Wings“!
- Wie heißt das?
- Chicken Wings!
- Was bedeutet „Chicken …“?
- Das sind Hühnerflügel. Chicken heißt Huhn und Wings heißt Flügel. Schmeckt super!
- Hm! Woher kommt das?
- Das ist eine Spezialität aus Texas.
- Texas?
- Ja, Texas.

3

- Die Suppe schmeckt prima!
- Das ist eine Hühnersuppe mit Gemüse.
- Was ist da drin?
- Zwiebeln, Spinat, Sellerie, Ingwer, …
- Moment, nicht so schnell!
- Also noch mal: Zwiebeln, Spinat, …

b) Spielen Sie.

➜ Ü 11

Notizen machen

☐ ☐ ☐

1 Sonderangebote im Supermarkt
Sie machen eine Grillparty. Was kaufen Sie?

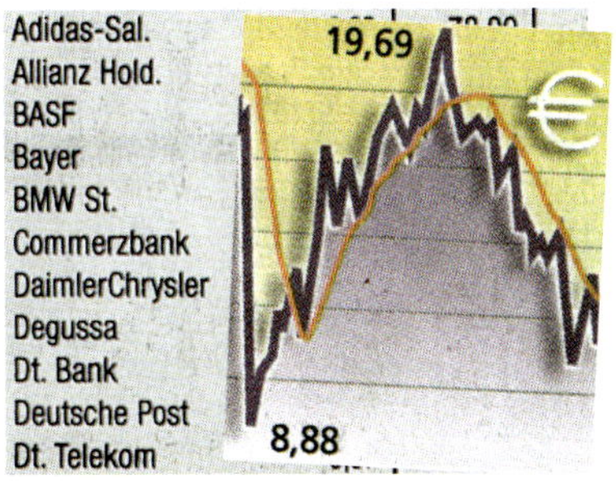

☐ ☐ ☐

2 Börsenkurse
Sie wollen Aktien von der Firma Contact AG kaufen. Was kosten sie?

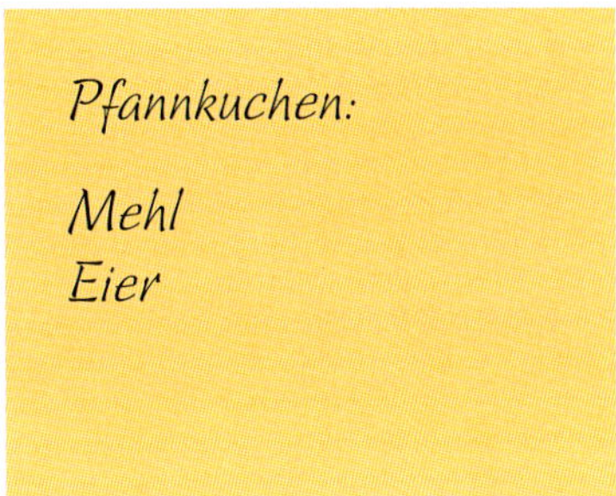

☐ ☐ ☐

3 Der Radiokochkurs
Was brauchen Sie für das Rezept?

A 11
Preise, Zahlen, Gewicht
a) Sehen Sie die Bilder an. Welche Informationen erwarten Sie? Kreuzen Sie an.

1.85
b) Hören Sie. Notieren Sie: Preise, Zahlen, Gewicht, …

➜ Ü 12

Lebensmittel

A 12
a) Suchen Sie die Lebensmittel im Bild.

b) Markieren Sie Wörter auf den Abbildungen.

→ Ü 13

das Mineralwasser • der Apfelsaft • der Orangensaft • die Limonade • der Kaffee • der Tee
die Milch • die Butter • der Käse • der/das Joghurt • das Müsli • das Ei • das Brot • der Fisch
das Brötchen • die Marmelade • der Zucker • das Mehl • die Nudeln (Pl.) • der Reis
die Zitrone • die Orange • der Apfel • die Banane • der Salat • die Tomate • das Gemüse
der Essig • das Öl • das Salz • der Pfeffer • das Fleisch • die Wurst • das Huhn • die Kartoffeln (Pl.)

Frühstück, Mittagessen, Abendessen

A 13
Was essen Sie wann? Ordnen Sie Wörter zu.

Frühstück	Mittagessen	Abendessen
der Kaffee,	Kartoffeln	

Verpackungen

A 14
Was gibt es in diesen Verpackungen? Sammeln Sie Beispiele.

→ Ü 14 – 15

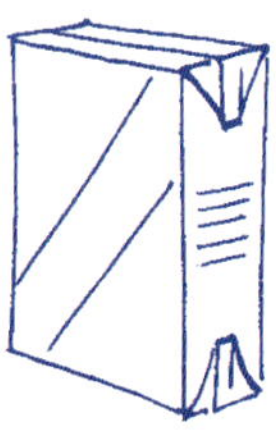
die Packung

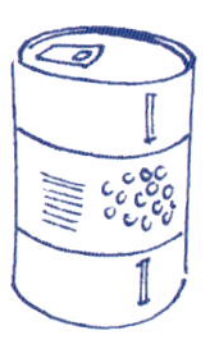
die Dose

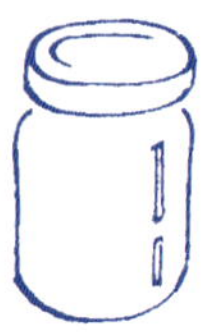
das Glas

der Becher

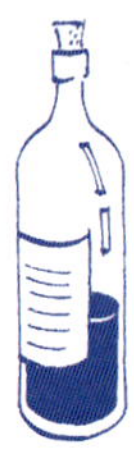
die Flasche

Vokale: o, u

[oː] — Hof, wohnen

[ɔ] — kommen

[uː] — Juni, Huhn

[ʊ] — Suppe

A 15 (1.88)
Lesen Sie halblaut mit.

Lange und kurze Vokale

Kurz: bekommen   die Wurst   oft   eine Suppe   das Sommerfest   am Wochenende

Lang: ein Brot   mit Zitrone   das Obst   der Kuchen   im Supermarkt   ein Huhn

A 16 (1.89)
Sprechen Sie.

Am Montag | mache ich den Wocheneinkauf | immer im Supermarkt. ↘

Dort bekomme ich alles. Die Produkte sind frisch. ↘

Ich esse viel Joghurt und Obst, | manchmal auch Wurst. ↘

Am Sonntag kaufe ich beim Bäcker Kuchen. ↘

A 17 (1.90)
Sprechen Sie zuerst sehr langsam, dann schneller.

Vokale: ö, ü

[øː]	hören	[yː]	Flügel Frühstück
[œ]	zwölf	[ʏ]	fünf Rhythmus

A 18 (1.91)
Lesen Sie halblaut mit.

e

elf – zwölf
vier – fünf

ö

kennen – können
viel – Müsli

ich spreche – ich möchte
viel – Gemüse

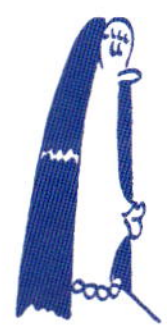
ü

zehn – schön
mit – müssen

Dialoge sprechen

● Es ist kurz vor fünf. ↘ Ich muss noch einkaufen. ↘

○ Ich komme mit. ↘ Ich brauche noch Brötchen. ↘ Was willst du kaufen? ↗

● Ein Huhn oder Hühnerflügel. Ich will eine Hühnersuppe kochen. ↘

○ Mit Gemüse? ↗

● Natürlich. ↘ Mit Frühlingszwiebeln, Sellerie, Spinat und Ingwer. ↘ Was machst du? ↗

○ Brötchen mit Käse und Salat. ↘ Ich habe keine Zeit. ↘

A 19 (1.92)
a) Lesen Sie halblaut mit.
b) Sprechen Sie mit dem Partner / der Partnerin.

Modalverben: Bedeutung

A 20
a) Was passt zusammen?

A

B

C

	Bild
1. Morgen ist das Kursfest. Ich muss noch einkaufen.	☐
2. Entschuldigung, wo kann ich bitte ein Huhn kaufen? – Fleisch und Wurst kann man in der Metzgerei kaufen.	☐
3. Heute Abend möchte ich kochen. Ich will/möchte eine Suppe kochen.	☐

b) *Ihre* Sprache: Schreiben und vergleichen Sie.

→ Ü 16 – 17

1. ______________________________
2. ______________________________
3. ______________________________

Modalverben: Satzklammer

A 21
a) Markieren Sie die Modalverben.

- ● Ich muss noch einkaufen. Ich will eine Suppe kochen.
- ○ Ich möchte heute einen Salat machen. Ich komme mit, o. k.?
- ● Ja, gerne. Wie spät ist es?
- ○ Kurz vor fünf. Wir müssen gehen!

b) Schreiben Sie die Sätze mit Modalverben in die Satzklammer.

→ Ü 18, 21

	Satzklammer		
	Modalverb		**Verb**
Ich	*muss*	*noch*	*einkaufen.*
1	2		

Regel Ergänzen Sie.

Satzklammer mit Modalverben

Das Modalverb ist in Position ________ .

Das ______________ (im Infinitiv) ist am Satzende.

Modalverben: Konjugation Präsens

● Guten Tag, was möchten Sie?
○ Ein Mineralwasser, bitte.
■ Und ich möchte einen Tee.
○ Kann ich noch ein Sandwich haben?
● Gerne. Und Sie? Möchten Sie auch ein Sandwich?
■ Nein danke. – Schmeckt's?
○ Ja, sehr gut. Das musst du probieren!
■ Danke. Hm, sehr gut.
○ Ich will noch einkaufen. Wie spät ist es?
■ Kurz vor fünf. Wir müssen gehen.
○ Entschuldigung, können wir bitte zahlen?

A 22
Lesen Sie und ergänzen Sie die Tabelle.

→ Ü 19 – 21

	können	müssen	wollen	**Endung**	möcht-
Singular					
ich	___	muss	___	-___	___ ⚠
du	kannst	___	willst	-___	möchtest ⚠
Sie	können	müssen	wollen	-___	___
er/es/sie	kann	muss	will	-___	möchte ⚠
Plural					
wir	___	___	wollen	-___	möchten
Sie	können	müssen	___	-___	___
sie	können	müssen	wollen	-___	möchten

Modalverben

Die Modalverben haben in der 1. und ___ Person Singular keine Endung.

Ausnahme: ich ___-**e** und er/es/sie ___-**e**.

Regel
Ergänzen Sie.

Satz: Position des Subjekts

1	2	3	
Morgen	ist	das Kursfest.	
Das Kursfest	ist	morgen.	
Nach der Arbeit	haben	die Leute	wenig Zeit.
Die Leute	haben	nach der Arbeit	wenig Zeit.

A 23
Markieren Sie das Subjekt.

→ Ü 22

Aussagesatz

Das Subjekt ist in Position ___ oder in Position ___.

Regel
Ergänzen Sie.

Präpositionen
Wann?
Nach der Arbeit haben die Leute wenig Zeit.
Am Samstag fahren viele ins Einkaufszentrum.

Wo?
Auf dem Markt kann man viele Leute treffen.
In der Metzgerei kann man Fleisch und Wurst kaufen.

Lernen: wie und warum?

A 1
Über Lernen sprechen
a) Warum lernt Giovanna Deutsch?
b) Was macht Giovanna, was macht Herbert?

→ Ü 1

1.93

A 2
Wie lernt Herbert Rathmaier Italienisch? Sammeln Sie.

→ Ü 2

Giovanna Rathmaier ist Apothekerin und kommt aus Mailand. Sie wohnt erst vier Monate in Innsbruck. Der Grund: Ihr Mann Herbert ist Österreicher.
Giovanna hat zur Zeit keine Arbeit. Sie hat viel Zeit und lernt jeden Tag Deutsch. Viermal pro Woche besucht sie einen Sprachkurs, am Abend von sechs bis halb zehn. Sie will schnell Deutsch lernen.

Herbert Rathmaier ist Manager. Er kommt erst am Abend nach Hause. Dann sprechen Giovanna und er meist Englisch. „Wir sprechen oft Englisch, aber Giovanna lernt schnell Deutsch, und ich lerne langsam Italienisch. Bald können wir auch Deutsch oder Italienisch sprechen", sagt Herbert.

A 3
a) Wo liegt Innsbruck? Suchen Sie auf S. 6.

1.94

b) Was sagt Herbert Rathmaier über Innsbruck?

→ Ü 3

● Herr Rathmaier, besuchen Sie eigentlich auch einen Italienischkurs?
○ Ja, aber nicht regelmäßig. Oft komme ich erst spät nach Hause. Und zu Hause lerne ich kaum mit dem Lehrbuch.
Ich habe keine Zeit und keine Lust.
● Wie lernen Sie dann Italienisch?
○ Wir sehen gemeinsam italienisches Fernsehen, und zu Hause läuft auch oft italienisches Radio.
● Verstehen Sie schon viel?
○ Es geht. ...

So oder so?

A 4
a) Lesen Sie. Unterstreichen Sie „Ihre" Sätze.
b) Wie lernen Sie Deutsch? Machen Sie ein Interview.

→ Ü 4

Sie wollen immer alles genau und richtig machen. Vielleicht machen Sie die folgenden Dinge gerne: Grammatik üben, Aussprache üben, Wörter notieren und lernen. Das machen Sie gerne allein, in der Klasse oder zu Hause.
Im Kurs reden Sie nicht gerne, Sie wollen keine Fehler machen.

Sie reden gerne, mit Kollegen, mit Freunden, mit allen Leuten. Sie lernen die Sprache sehr leicht. Manchmal glauben Sie, Sie lernen nichts genau und richtig. Dann üben Sie kurz Grammatik und machen ein paar Tage regelmäßig Übungen aus dem Buch.
Aber Sie arbeiten nicht gerne nach dem Kurs und nicht lange.

Im Deutschkurs

Im Deutschkurs von Giovanna sind 14 Teilnehmer. Sie sprechen über das Lernen. Alle brauchen Deutsch: Giovanna will wieder als Apothekerin arbeiten, Ismail muss eine Prüfung machen. Inci möchte in der Firma mehr Deutsch reden. Akemi hat einen Sohn. Er geht jetzt in die Schule und sie wollen zusammen lernen.

1

*Ich **kann** schon ziemlich viel verstehen.*
*Ich **muss nicht** alles verstehen.*

2

*Ich **will** jeden Tag eine Stunde lernen und schreiben.*
*Ich **darf nicht** erst vor der Prüfung lernen.*

3

*Ich **darf** im Sprachkurs Fehler machen.*
*Ich **muss nicht** alles perfekt machen.*

4

*Ich **möchte** mit allen Kolleginnen reden.*
*Ich **darf nicht** immer still sein.*

Giovanna, Inci, Akemi und Ismail arbeiten in einer Gruppe zusammen. Sie lesen Zeitungen und Prospekte. Sie suchen Bilder und Wörter. Bilder und Wörter schneiden sie aus. Aus den Wörtern machen sie Sätze, Sätze mit Modalverben.

Die Sätze gehören auch zu einem Bild. Sie wollen die Sätze korrekt machen und fragen die Lehrerin. Sie hilft weiter. Dann kleben sie die Bilder und die Sätze auf ein Blatt und zeigen es den Kolleginnen und Kollegen.

A 5 1.95
Lernziele notieren
a) Hören Sie: Wer schreibt was?
b) Vergleichen Sie.

→ Ü 5

A 6
Schreiben Sie 5 Aussagen. Vergleichen Sie.

→ Ü 6

A 7
Sätze machen
a) Was macht die Gruppe? Notieren Sie.

1. Zeitungen lesen

→ Ü 7

b) Kleben Sie Sätze nach dem Muster.

→ Ü 8

Deutsch lernen

Wie oft lernst du Deutsch?	Jeden Tag. Zweimal in der Woche.
Wie lernst du?	Ich besuche den Deutschkurs. Ich sehe Fernsehen. Ich höre Radio.
Was machst du noch?	Ich nehme etwas auf Kassette auf. Ich schreibe viel.

Lerntipps

1.96

A 8
Lerntipps verstehen und geben
Was sagen die Leute noch? Ergänzen Sie die Aussagen.

→ Ü 9

A 9
Wie lernen Sie? Vergleichen Sie die Antworten in der Gruppe.

A 10
a) Welcher Tipp passt zu den Fragen?
b) Welcher Tipp ist für Sie wichtig?

→ Ü 10

Tipp 1
Mach einen Plan: Was willst du üben? Lerne regelmäßig, zum Beispiel jeden Tag 10 Minuten Wortschatz.

Tipp 2
Lerne nicht zu viel auf einmal. Mach nach einer halben Stunde eine Pause. Lerne nach der Pause etwas anderes.

Tipp 3
Wiederhole oft, aber wiederhole immer anders. Arbeite auch gemeinsam mit anderen. Du kannst auch mit dem Computer arbeiten.

Tipp 4
Teste dich selbst: Kannst du nach dem Lernen mehr verstehen? Kannst du mehr sagen? Verstehst du die Grammatik?

Wie oft wiederholen Sie?
Was wollen Sie heute lernen?

Kontrollieren Sie Ihr Lernen?
Wie lange lernen Sie ohne Pause?

A 11
a) Notieren Sie Fragen zum Lernen.
b) Geben Sie einen Lerntipp.

→ Ü 11

Fragen zum Lernen
Was machst du gern?

Was findest du wichtig?

Wie oft wiederholst du?
Wie lange lernst du?
Wie lernst du Wörter?

Ich höre gerne die Kassette.
Ich arbeite gerne mit dem Computer.
Verstehen finde ich sehr wichtig.
Grammatik finde ich nicht so wichtig.
Immer nach dem Kurs.
Eine halbe Stunde. Dann mache ich eine Pause.
Ich schreibe die Wörter neu.

Texte verstehen: auf wichtige Wörter achten

A 12 2.1

a) Hören Sie. Welche Informationen braucht Karin? Ergänzen Sie.

b) Hören Sie. Warum ist Nobuhiko gestrichen?

c) Hören Sie noch einmal. Ergänzen Sie. Wer passt zu Karin? Vergleichen Sie.

→ Ü 12 – 13

KARIN	______?	______?	______?	______?	Was möchte sie/er?
ANGELA	______	Nachmittag	______	______	Lernen → Prüfung!!
MAARIT	______	______	______	Finnisch	______
~~NOBUHIKO~~	______	______	jeden Tag	______	______
TANJA	Hamburg	______	______	Spanisch	______

E-Mails schicken

Computerwörter

Von: elena@gmx.com

An: hans.singer@gmx.de

Betreff: Computerwörter

Hallo, Hans,
ich habe die @dresse von eTandem. Ich lerne Deutsch und kann es schon gut ;-)).
Ich will viel lernen und möchte Deutschland kennen lernen. Heute möchte ich „Computerwörter" kennen lernen:
send heißt senden, save heißt speichern, print heißt drucken - stimmt das? Einen Befehl kenne ich gut: delete heißt löschen. Jetzt weiß ich das :-D - das vergesse ich nicht mehr. Was ist noch wichtig? Schick mir bitte mehr Wörter.

I have been asked to write at least half of my letter in my language. I will give you more information about myself soon. I think we should work out first how often we are going to write. I suggest at least 3 times per week. What do you think about that, and what areas of your English do you want to improve? Would you please correct my mails?
bis bald,
elena aus birmingham

A 13

a) Sie wollen eine E-Mail senden. Was machen Sie?

1. das Programm starten

b) Wie heißen die Befehle in Ihrer Sprache?

c) Machen Sie eine @dressliste im Kurs.

→ Ü 14

Im Kursraum

A 14
a) Substantive: Markieren Sie mit drei Farben:
maskulin: der
neutrum: das
feminin: die

b) Wie lernen Sie Substantive und Artikel? Vergleichen Sie.

A 15
a) Notieren Sie die Substantive mit Artikel und Plural.
b) Kontrollieren Sie mit dem Wörterbuch.

→ Ü 15 – 17

der Tisch • der Stuhl • das Buch • das Wörterbuch • das Heft • das Blatt Papier
der Stift • der Bleistift • der Kugelschreiber • das Etui • die Tafel • die Landkarte
der Recorder • die Kassette • der CD-Player • die CD • der Computer • die CD-ROM

Lernen mit der CD-ROM

A 16
a) Welche Abbildungen passen zu 1 – 11? Ordnen Sie zu.

→ Ü 18

b) Notieren Sie die Wörter und Ausdrücke in Ihrer Sprache.

A

B
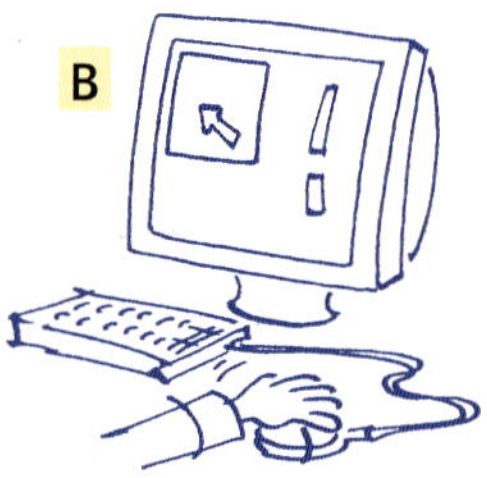

C

D

E

F

G

H

I

J

K

1. ____ Legen Sie die CD-ROM in den Computer ein.
2. ____ Starten Sie das Lernprogramm.
3. ____ Klicken Sie das Kapitel an.
4. ____ Wählen Sie eine Übung aus und drücken Sie „Play".
5. ____ Zurück: Machen Sie die Übung noch einmal.
6. ____ Vor: Gehen Sie zur nächsten Übung.
7. ____ Kontrollieren Sie die Lösung.
8. ____ Sie können Hilfe bekommen.
9. ____ Möchten Sie das Blatt drucken?
10. ____ Sie können die Datei speichern.
11. ____ Beenden Sie das Programm.

Diphthonge: ei, eu, au

[ai] – ein / Mai

[ɔy] – Deutsch / es läuft

[au] — Pause

A 17 2.3
a) Lesen Sie halblaut mit.
b) Sprechen Sie.

Rathmaier / Mai / einen
Deutsch / läuft
Frau / auch / Auto

Herr Rathmaier beginnt im Mai einen Sprachkurs. ↘
Giovanna lernt Deutsch. ↘ Zu Hause läuft oft das Radio. ↘
Frau Rathmeier hört auch im Auto immer Radio. ↘

A 18 2.4
a) Lesen Sie halblaut mit.
b) Sprechen Sie nach.

Wortakzent und Satzakzent

Deutsch	Englisch	Französisch	Ihre Sprache
Information	information	information	
Hotel	hotel	hôtel	
international	international	international	

A 19 2.5
Markieren Sie den Wortakzent.

Fran-zö-sisch	an-fan-gen	ver-ste-hen	Lern-part-ner	wich-tig	mit-spre-chen
re-gel-mä-ßig	pla-nen	be-su-chen	wie-der-ho-len	ver-ges-sen	lang-sam
aus-tau-schen	Com-pu-ter	Ter-min	Teil-neh-mer	Er-fah-run-gen	Pro-blem

A 20 2.6
a) Markieren Sie den Wortakzent.
b) Markieren Sie den Vokal _ lang oder . kurz.
c) Sprechen Sie die Wörter laut.

ausschneiden – aufnehmen – mitsprechen – zuhören

Der Wortakzent ist bei **trennbaren** Verben auf dem **Präfix**.

Neue Wörter lernen – lernen Sie den Wortakzent immer mit:
Französisch – Lernpartner – verstehen – Problem – anfangen

Die Grammatik ist für mich nicht schwer. ↘ Für mich ist das Verstehen wichtig. ↘ Ich höre nach dem Kurs oft die Kassette und ich höre zu Hause viel Radio. ↘ Und ich besuche die Mediothek oder arbeite mit dem Computer. ↘

A 21 2.7
a) Markieren Sie den Satzakzent.
b) Sprechen Sie den Text.

Schwierige Wörter aussprechen

Deutsch ↗	zu Hause Deutsch ↗	Sprichst du zu Hause Deutsch? ↗
das Radio ↘	läuft immer das Radio ↘	Im Auto läuft immer das Radio. ↘
speichern ↘	die Datei speichern ↘	So kannst du die Datei speichern. ↘

A 22 2.8
Sprechen Sie langsam/schnell.

Dativ nach Präpositionen: „aus“, „mit“, „nach“, …

A 23
a) Markieren Sie Präpositionen, Artikel und Substantive.

Giovanna Rathmeier wohnt in Innsbruck. Sie besucht einen Sprachkurs. Der Kurs ist viermal pro Woche, am Abend von sechs bis halb zehn. Vierzehn Teilnehmer sind im Kurs. Die Teilnehmer arbeiten heute in Gruppen. In den Gruppen lesen sie Zeitungen und Prospekte. Giovanna, Inci, Akemi und Ismail sind zusammen in einer Gruppe. Sie schneiden Bilder und Wörter aus den Zeitungen und den Prospekten aus und machen Sätze. Nach dem Kurs geht Giovanna nach Hause. Dann arbeitet sie noch mit dem Computer. Sie will nicht erst vor der Prüfung lernen.

~~an dem~~ → am Abend
~~in dem~~ → im Kurs

b) Sehen Sie die Bilder an. Welche Präpositionen passen?

→ Ü 19

1

____
____

2

____
____

3
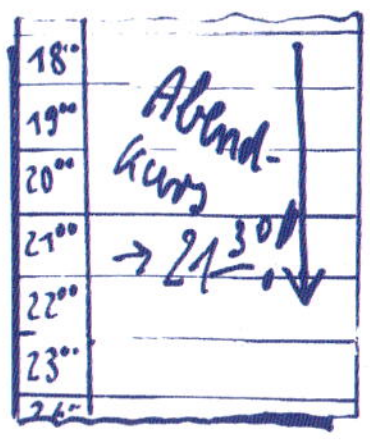

____
____

4
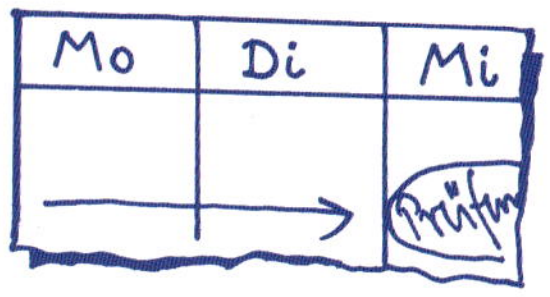

____
____

Artikelwörter und Substantiv: Dativ

A 24
Ergänzen Sie die Tabelle.

→ Ü 20 – 22

Singular	maskulin	neutrum	feminin	Plural	
Nominativ	der/ein Kurs	das/ein Buch	die/eine Gruppe	*die* / ☐	Kurse Bücher Gruppen
Akkusativ	den/einen Kurs	das/ein Buch	die/eine Gruppe	______ / ☐	Kurse Bücher Gruppen
Dativ	mit *dem* / *einem* Kurs	mit *dem* / *einem* Buch	mit *der* / *einer* Gruppe	mit *den* / ☐	Kurs**en** Bücher**n** Gruppe__

Regel Ergänzen Sie.

Dativ Singular

Bestimmter Artikel maskulin und neutrum: *dem*, feminin: *der*;

unbestimmter Artikel maskulin und *neutrum*: *einem*, feminin: *einer*.

Dativ Plural

Bestimmter Artikel immer: *den*; Substantiv-Endung: *en*.

Modalverben: „(nicht) dürfen“ – „(nicht) müssen“

Ich muss nicht alles verstehen.
Ich muss noch viel schreiben.
Ich darf nicht erst vor der Prüfung lernen.
Ich darf im Sprachkurs Fehler machen.
Ich muss nicht alles perfekt machen.

Notwendigkeit	keine Notwendigkeit	Verbot	Erlaubnis
	✗		

A 25
a) Lesen Sie den Merkzettel. Markieren Sie „nicht“.

b) Kreuzen Sie an. Was passt?

dürfen – nicht dürfen; müssen – nicht müssen

Erlaubnis: *dürfen*

Natürlich __dürfen__ Sie hier rauchen.

Verbot: __nicht dürfen__

Entschuldigung, Sie __dürfen__ hier __nicht__ rauchen.

Notwendigkeit: __müssen__

Morgen ist Montag. Ich __muss__ morgen arbeiten.

keine Notwendigkeit: ______

Heute ist Sonntag. Ich __muss__ heute __nicht__ arbeiten.

A 26
a) Ergänzen Sie.

➜ Ü 23 – 24

b) *Ihre* Sprache: Schreiben Sie und vergleichen Sie.

Personen auffordern: Imperativ (formell und informell)

1 Lernen Sie nicht zu viel auf einmal.
Machen Sie nach einer halben Stunde eine Pause. Wiederholen Sie oft.
Arbeiten Sie auch gemeinsam mit anderen.

Text 1	formell (Sie) ☐	informell (du) ☐

2 Lerne nicht zu viel auf einmal.
Mach nach einer halben Stunde eine Pause.
Wiederhole oft.
Arbeite auch gemeinsam mit anderen.

Text 2	formell (Sie) ☐	informell (du) ☐

A 27
a) Markieren Sie die Verben.
b) Was passt? Kreuzen Sie an.

➜ Ü 25

Imperativ Singular
formell

Form: Infinitiv + ______
Beispiel: Wiederholen Sie oft.
Machen Sie eine Pause.

informell

Form: Verbstamm + Endung -______ oder –
Beispiel: Wiederhole oft.
Mach eine Pause.

⚠ lesen ➜ **lies;** sprechen ➜ **sprich**

Regel
Ergänzen Sie.

7 Reisen

Ferien an der Nordsee

A 1
Eine Reise beschreiben
a) Lesen Sie und suchen Sie St. Peter-Ording.

b) Was macht Ines am 7. Juni? Notieren Sie Infinitive.

→ Ü 1 – 2

2.9

A 2
a) Wie kommt Robert ins Hotel? Notieren Sie die Stationen.

München …

b) Welche Verkehrsmittel nimmt Robert?

→ Ü 3

A 3
Was machen Ines und Robert am 8. Juni? Erzählen Sie im Präsens.

→ Ü 4

A 4
Über Vergangenes berichten
a) Was ist am 7. und 8. Juni passiert? Erzählen Sie.
b) Was haben Sie am Wochenende gemacht?

SAMSTAG, 7. JUNI

Allein in St. Peter-Ording – allein! Ich bin mit dem Zug gereist, fast 7 Stunden. In Hamburg am Bahnhof habe ich zwei Stunden auf Robert gewartet. Ich habe ihn überall gesucht, aber ich habe ihn nicht gesehen – oder er hat mich nicht gesehen. Ich habe zwei SMS geschickt – aber er hat nicht geantwortet. Ich bin dann allein weiter nach St. Peter-Ording gefahren. Wir haben hier ein Hotel am Meer gebucht. Es ist sehr gemütlich und die Aussicht ist phantastisch! Der Himmel und das Meer sind endlos weit.
Am Abend habe ich mit Robert telefoniert. Er ist immer noch in München. Stau! Er ist zu spät zum Flughafen gekommen. Schade.

SONNTAG, 8. JUNI

Heute Mittag ist Robert gekommen. Endlich sind wir zusammen.
Am Nachmittag haben wir einen Spaziergang am Meer gemacht. Man kann stundenlang laufen, der Strand ist endlos – Sand und Wellen.
Am Horizont haben wir den Leuchtturm Westerheversand gesehen. Er ist sehr berühmt. Dorthin sind wir dann gewandert. Ein Tourist hat uns gefragt: „Kann ich euch fotografieren?" Er hat viele Fotos gemacht. In einem Restaurant direkt am Deich haben wir Fisch gegessen – lecker! Am Abend sind wir zurückgefahren. Im Hotel haben wir noch lange diskutiert, und wir haben Pläne für die nächste Woche gemacht. Robert hat bald geschlafen. Ich habe noch lange gelesen.

Ausflug nach Seebüll

A 5
a) Was haben Ines und Robert am 10. Juni gemacht? Suchen Sie auf der Karte.

➜ **Ü 5**

b) Erzählen Sie.

DIENSTAG 10. JUNI

Heute haben wir einen Ausflug nach Seebüll gemacht. Das liegt ganz im Norden von Friesland, nahe an der Grenze. In Seebüll ist das Nolde-Museum. Hier hat der Maler Emil Nolde von 1926 bis 1956 gelebt und gearbeitet.
Wir haben ein Auto gemietet und sind von St. Peter-Ording über Husum nach Niebüll gefahren. Dort ist Robert falsch gefahren. Kein Museum weit und breit! Wir haben es lange gesucht und auch Leute gefragt. Ein Friese hat uns dann den Weg gezeigt. Die Leute sprechen hier „Plattdeutsch“ und man versteht sie nicht so gut. Das Museum ist sehr schön. Das Haus und der Garten sind noch so wie früher. Ich mag die Bilder von Nolde. Im Museumsshop hat Robert den Katalog gekauft - für mich, ein Geschenk! Zurück bin ich gefahren. Wir haben für die 80 Kilometer nur eine Stunde gebraucht.

DONNERSTAG 12. JUNI

Wieder allein ...
Heute Morgen hat Robert lange telefoniert – Probleme im Büro! Er ist sofort nach Hause gefahren. Ich mag ihn, und er mag mich auch. Ich weiß es. Ich bin traurig – ich bleibe noch bis Samstag.

A 6
Einen Weg beschreiben
a) Wo sind Ines und Robert? Suchen Sie auf der Landkarte.

b) Wie kommen Ines und Robert zum Nolde-Museum? 2.10

➜ **Ü 6 – 8**

Einen Weg beschreiben

Wie komme ich nach St. Peter-Ording?	Das ist ganz einfach. Am Flughafen nimmst du den Bus zum Hauptbahnhof. Dann nimmst du den Zug bis St. Peter-Ording. Dort gehst du zu Fuß zum Hotel. Du kannst auch ein Taxi nehmen.
Entschuldigung, können Sie uns helfen? Wir suchen das Nolde-Museum.	Ja bitte? Nehmen Sie die zweite Straße links und dann immer geradeaus.
Wie weit ist das?	Etwa zehn Kilometer. Und kurz vor Klanxbüll dann ...
Kurz vor Klanxbüll? Wie meinen Sie das?	Kurz vor Klanxbüll ist eine Kreuzung. Und da fahrt ihr nach rechts.

A 7
Erklären Sie den Weg vom Kurs nach Hause. Spielen Sie.

Die Rückfahrt

A 8
Gespräche im Zug
a) Ordnen Sie Dialoge und Bilder.

→ Ü 9

2.11 b) Hören Sie die Durchsage. Was ist das Problem?

→ Ü 10

2.12 **A 9**
Wie reist Ines nach Mannheim? Machen Sie Notizen.

Abfahrt
Gleis

→ Ü 11

1

- ● Entschuldigung, ist hier noch frei?
- ○ Ja bitte. Ich nehme die Tasche weg.
- ● Nein, bitte lassen Sie sie da.
- ○ Kann ich Ihnen helfen?
- ● Vielen Dank, das ist sehr freundlich. Darf man hier rauchen?
- ○ Nein, hier ist Nichtraucher. Gehen Sie doch ins Bistro ....

2

- ● Die Fahrkarten bitte!
- ○ Hier bitte.
- ● Darf ich bitte die Bahncard sehen?
- ○ Moment mal, wo – in Hamburg habe ich die Fahrkarte gekauft, da habe ich sie noch gehabt. Ah, hier!
- ● Danke, und gute Reise!
- ○ Entschuldigen Sie, ich habe eben die Durchsage gehört ...

A 10
a) Spielen Sie.

b) Ist Ihnen unterwegs auch schon „etwas" passiert? Erzählen Sie.

Gespräche unterwegs

Entschuldigung, ist hier noch frei?	Ja bitte. Ich nehme die Tasche weg.
Darf man hier rauchen?	Nein, hier ist Nichtraucher.
Ist das der Zug nach Hamburg?	Ja sicher.
Wo ist das Bistro?	Im zweiten Wagen.
Hat der Zug Verspätung?	Nein, er ist pünktlich.
Die Fahrkarte bitte!	Moment bitte, in Hamburg habe ich sie gekauft, aber jetzt ...
Kann ich den Pass sehen?	Moment mal, ich habe ihn doch gerade noch gehabt.

Ein Miniglossar benutzen

- ● Guten Tag! Was kann ich für Sie tun?
- ○ Mein Name ist Hansen, ich habe reserviert.
- ● Moment, Herr Hansen. – Es tut mir Leid, Herr Hansen, ich habe keine Reservierung.
- ○ Ich habe letzte Woche ein Einzelzimmer reserviert.
- ● Tut mir leid, aber ich habe keine Reservierung – und ich habe leider kein Zimmer mehr.
- ○ ...

A 11 2.13

a) Welches Problem hat Herr Hansen? Was macht er jetzt?

Miniglossar: um Hilfe bitten

Oh, und was mache ich jetzt?
Können Sie mir helfen?
Kann ich mal telefonieren?
Können Sie für mich ein Zimmer suchen?
...

b) Lesen Sie das Miniglossar und spielen Sie die Situation.

→ Ü 12

HOTEL INTERNATIONAL

- Alle Zimmer mit Bad, WC, Balkon, TV, Telefon, Minibar
- Ruhig und zentral (U-Bahn, Airport-Bus, Mietwagen)
- Konferenzraum, Schwimmbad
- EZ 65 – 90,– €
- DZ 85 – 160,– €
- Tel. 0421/454544

Tourotel

Doppelzimmer nur 110,– €
Einzelzimmer nur 65,– €
Dusche, WC, Telefon
Zentrale Lage / Bahnhof
Mit Frühstück
Tel. Reservierung
0421/883 883

Pension Seeblick

Die freundliche Pension am Stadtrand!
Nur 25 Min. vom Zentrum.
Ruhige Lage am See.
Einzelzimmer 40,– €
Doppelzimmer 75,– €
Mit Frühstück!
Fam. Bohlen 0421/6542

A 12

a) Herr Hansen hat einen Termin im Zentrum. Die Firma bezahlt 70 € für Hotelspesen. Welches Hotel nimmt er? Diskutieren Sie.

Miniglossar: Hotel reservieren

Wo liegt das Hotel?
Ist das im Zentrum?
Was kostet das Einzelzimmer?
Ist das (der Preis) mit Frühstück?
Wie teuer ist das Frühstück?
...

b) Lesen Sie das Miniglossar und spielen Sie.

A 13

a) Schreiben Sie „Ihr" Miniglossar.
b) Spielen Sie.

→ Ü 13

Schöne Ferien!

2.14 **A 14**
a) Welche Ausdrücke hören Sie? Markieren Sie.

→ Ü 14

Ferien planen

mit der Freundin diskutieren • Datum festlegen • im Reisebüro Prospekte holen • Prospekte lesen • im Internet Ideen suchen • den Fahrplan lesen • die Fahrkarten kaufen • das Hotel buchen • ein Zimmer reservieren

b) Wo sind Sie im Sommer gewesen? Was haben Sie gemacht? Erzählen Sie.

Ferien machen

lange schlafen • gut essen • Musik hören • am Strand spazieren gehen • Tennis spielen • einen Krimi lesen • einen Ausflug machen • ein Auto mieten • einen Spaziergang machen • mit Freunden telefonieren • wandern • Geld wechseln • im Meer baden • Leute fotografieren • Karten schicken

Gute Reise!

A 15
a) Zu welchem Bild passt was?

1 

2 

3 

4 

der Flug • der Schalter • umsteigen • der Bus • starten • das Taxi • der Flughafen • die Haltestelle • aussteigen • die Kreuzung • landen • die Straßenbahn • die Durchsage • der Fahrplan • der Zug • einsteigen • die Fahrkarte • die Autobahn • der Pass • das Schiff • reisen • der Parkplatz • parken • fliegen • der Stau • der Bahnsteig • abholen • mieten • der Hafen • die Fahrt • die U-Bahn • das Gleis • zu Fuß • das Fahrrad • die Ampel • die Grenze • der Bahnhof

b) Notieren Sie in Gruppen. Was passt gut, was nicht? Vergleichen Sie.

das Schiff nehmen	*mit dem Zug fahren*	*mit dem Bus/Auto fahren*	*das Flugzeug nehmen*
___	___	___	___

c) Welches Verkehrsmittel benutzen Sie?

ins Büro	*in die Ferien*	*ins Restaurant*	*ins Kino*
gehe ich zu Fuß			

→ Ü 15 – 16

Murmelvokale (unbetont) und Konsonant „r“

[ə] —— danke, gekauft

[ɐ] < Zimmer / sehr / vergleichen

A 16 (2.15)
a) Lesen Sie halblaut mit.
b) Sprechen Sie.

wir / hier / Meer
leider / Zimmer
danke / gute / Reise

Wir haben hier ein Hotel am Meer gebucht. ↘
Wir haben leider kein Zimmer frei. ↘
Danke, und gute Reise! ↘

Sie lesen/schreiben „r“:	Sie hören/sprechen [ɐ]:	
Zimmer	Zimm[ɐ], leid[ɐ], ab[ɐ]	-er im Auslaut
Meer, sehr, wir	Mee[ɐ], seh[ɐ], wi[ɐ]	r nach langem Vokal im Auslaut

A 17 (2.16)
Lesen Sie halblaut mit.

[r] —— Rhythmus; hören; Herr

A 18 (2.17)
Wann hören Sie „r“? Markieren Sie.

freundlich sein
Verspätung haben
eine Reservierung
nach der Kreuzung
das Zimmer
den Weg erklären
lecker
an der Grenze

Sprechmelodie

Entschuldigung, wo ist das Bistro? ↗
Wie komme ich nach Seebüll? ↗
Wann kommt der Zug in Hamburg an? ↗

Entschuldigung, wo ist das Bistro? ↘
Wie komme ich nach Seebüll? ↘
Wann kommt der Zug in Hamburg an? ↘

A 19 (2.18)
Sprechen Sie freundlich und sachlich.

W-Fragen höflich/freundlich:	Wann kommt der Zug in Hamburg an? ↗
W-Fragen sachlich:	Wann kommt der Zug in Hamburg an? ↘

Dialoge sprechen

A 20 (2.19)
a) Lesen Sie halblaut mit.
b) Sprechen Sie mit dem Partner / der Partnerin.

1
- ● Entschuldigung, ist hier noch frei? ↗
- ○ Ja, natürlich. ↘ Ich nehme die Tasche weg. ↘
- ● Danke, das ist sehr freundlich. ↘

2
- ● Darf man hier rauchen? ↗
- ○ Nein, hier ist Nichtraucher, ↘ gehen Sie doch ins Bistro. ↘

3
- ● Die Fahrkarte, bitte. ↘
- ○ Hier, bitte. ↘ Möchten Sie auch die Bahncard sehen? ↗
- ● Nein, danke. ↘ Gute Reise. ↘

4
- ● Hat der Zug Verspätung? ↗
- ○ Ja, wir sind um halb neun in Hamburg. ↘

Über Vergangenes sprechen: Perfekt

A 21
a) Lesen Sie die Texte und markieren Sie die Verben.

1

Gegenwart

In Hamburg wartet Ines zwei Stunden auf Robert. Aber er kommt nicht. Sie schickt zwei SMS – er antwortet nicht.
Ines fährt dann allein nach St. Peter-Ording.
Am Abend telefoniert sie mit Robert:

2

Vergangenheit

„In Hamburg habe ich zwei Stunden auf dich gewartet. Aber du bist nicht gekommen. Ich habe zwei SMS geschickt – du hast nicht geantwortet. Ich bin dann allein nach St. Peter-Ording gefahren!"

b) Schreiben Sie die Verben im Perfekt. Ergänzen Sie die Tabelle.
➜ Ü 17

Infinitiv	**Präsens-Formen**	**Perfekt-Formen**		
warten	Ines wartet	*ich*	*habe*	*gewartet*
kommen	er kommt			
schicken	sie schickt			
antworten	er antwortet			
fahren	Ines fährt			
telefonieren	sie telefoniert	*ich*	*habe*	*telefoniert*
		Subjekt	„haben"/„sein"	Partizip II

A 22
Sortieren und ergänzen Sie.
➜ Ü 18

Partizip II

gemacht • gewartet • geantwortet • telefoniert • gefahren
geschlafen • geschickt • gekommen • reserviert

ge-mach-t	*ge-schlaf-en*	*reservier-t*

Regel
Ergänzen Sie.

Perfekt

regelmäßige Verben	unregelmäßige Verben	Verben auf -ieren
ge- ... -(e)t		

Perfekt: Satzklammer

Heute Mittag ist Robert gekommen. Am Nachmittag sind wir zum Leuchtturm gewandert. Am Abend haben wir in einem Restaurant Fisch gegessen. Im Hotel haben wir Pläne für die nächste Woche gemacht. Robert hat bald geschlafen.

	„haben"/„sein"	Satzklammer	Partizip II
Heute Mittag	*ist*	*Robert*	*gekommen.*

A 23
Schreiben Sie die Sätze in die Satzklammer.
→ Ü 19

Satzklammer: Perfekt (Aussagesatz)

Die Formen von „__________" oder „__________" stehen in Position ______.

Das ______________ steht am Satzende.

Regel
Ergänzen Sie.

Textreferenz: Personalpronomen (Nominativ und Akkusativ)

Ines erzählt: „In Hamburg am Bahnhof habe ich zwei Stunden auf Robert gewartet. Ich habe ihn überall gesucht, aber ich habe ihn nicht gesehen – oder er hat mich nicht gesehen. Ich habe Robert zwei SMS geschickt – aber er hat nicht geantwortet."

Am Abend schreibt Ines: Heute Mittag ist Robert gekommen. Endlich sind wir zusammen! Am Nachmittag haben wir einen Spaziergang gemacht. Ein Tourist hat uns gefragt: „Kann ich euch fotografieren?" Er hat viele Fotos gemacht.

A 24
Machen Sie Pfeile. Wer ist „ich", „ihn", ...?
→ Ü 20

Personalpronomen: Nominativ und Akkusativ

	Singular					Plural			
Nominativ	ich	du	er	es	sie	wir	ihr	sie	Sie
Akkusativ	____	dich	____	es	sie	____	____	sie	Sie

A 25
Schreiben Sie die Personalpronomen aus A 24 in die Tabelle.
→ Ü 21

Verb und Subjekt: Konjugation Präsens (2. Person Plural)

	sein	müssen	suchen
wir	sind	________	________
ihr	⚠ *seid*	________	sucht
Sie	________	müssen	suchen
sie	sind	müssen	________

A 26 (2.10)
Hören Sie A 6b und ergänzen Sie die Tabelle.
→ Ü 22 – 23

Turmwohnung

A 1
Die Wohnsituation beschreiben
Sammeln Sie Informationen über Herrn Probst:

Wohnung
Wohnort

2.20

A 2
Was hat Herr Probst gemacht? Notieren Sie.

→ Ü 1 – 3

- ● Herr Probst, Sie haben 14 Jahre in einem Turm gewohnt!
- ○ Ja, das stimmt. Ich war 14 Jahre lang Turmwächter im Berner Münster. Und da habe ich mit meiner Frau zusammen oben im Münsterturm gewohnt.
- ● Wie hoch oben haben Sie denn gelebt?
- ○ Die Wohnung ist etwa auf 50 Meter Höhe.
- ● Und war die Wohnung nicht zu groß?
- ○ Doch für mich und meine Frau war sie sehr groß ...
- ● Wie viele Zimmer hatten Sie?
- ○ Vier. Ein Wohnzimmer, ein Schlafzimmer und ein Büro, und natürlich auch Küche, Bad und WC. Und dann im zweiten Stock noch ein großes Zimmer.
- ● Und keinen Balkon?
- ○ Doch, doch. Rund um die Wohnung. Von dort war die Aussicht ganz besonders: Bei schönem Wetter hat man sogar die Berner Alpen gesehen.
- ● Das war sicher toll! Und wie hoch ist der Turm?
- ○ Der Münsterturm ist genau 100 Meter hoch, die Wohnung ist etwa in der Mitte. Da ist ein Aussichtspunkt.
- ● Und was haben Sie als Turmwächter gemacht?

A 3
a) Zeichnen Sie einen Plan mit den Wörtern für die Räume.
b) Fragen Sie den Partner / die Partnerin.

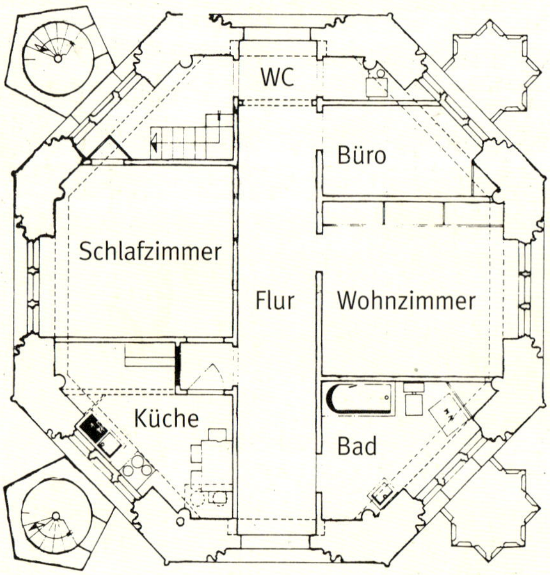

Wohnen in Bern

Das Wappentier von Bern ist der Bär. Die Altstadt, der Fluss – die Aare – und der Bärengraben sind weltberühmt. Berühmt ist Bern auch für die Berner „Rösti“. Der Maler Paul Klee ist in Bern aufgewachsen und Albert Einstein hat in Bern die Relativitätstheorie entwickelt. Bern ist seit 1848 die Hauptstadt der Schweiz. In der Region Bern wohnen etwa 300 000 Menschen.

A 4
Den Wohnort beschreiben
Ordnen Sie die Informationen über Bern.

Essen
Geschichte

➜ Ü 4

Ella Z. ist in Girona in Spanien geboren. Sie ist mit zwölf Jahren in die Schweiz gekommen. Ella Z. hat drei Jahre in Bern gewohnt. Sie hatte eine Wohnung im Zentrum. Dort hat sie viel Miete bezahlt. Früher war sie ein Stadtmensch. Sie ist oft ausgegangen. Heute wohnt sie auf dem Land, in einem Bauernhaus, und hat gern Ruhe ...

Otfried H. ist in Friedrichskoog in Deutschland, in einem Dorf an der Nordsee aufgewachsen. Später hat er in Hamburg studiert. Dort ist er drei Jahre geblieben. Vor einem Jahr ist er nach Bern gekommen. Er wohnt im Zentrum in einem Wohnblock. Er lebt mit seiner Freundin zusammen in einer Einzimmerwohnung ...

Susanna C. ist in der Schweiz, in Kandersteg aufgewachsen. Susanna ist mit sechzehn von zu Hause weggegangen und hat in einer Fabrik gearbeitet. Vor zehn Jahren hat sie geheiratet. Heute ist sie geschieden und hat zwei Kinder. Susanna C. ist vor kurzem umgezogen. Sie wohnt jetzt am Stadtrand von Bern, in einer Siedlung. Die Wohnung ist modern, praktisch und komfortabel ...

A 5 2.21
Über die Wohnsituation sprechen
a) Was erzählen die Leute? Machen Sie Notizen.

Ella Z.
Otfried H.
Susanna C.

➜ Ü 5

b) Lesen Sie und ergänzen Sie die Notizen.

Wohnort und Wohnsituation beschreiben

Wo wohnst du?	Ich wohne in einem Dorf.
Wo liegt das?	In der Nähe von ...
Was ist dort berühmt?	Da hat die Malerin ...
Seit wann wohnst du in ...?	Vor drei Jahren bin ich nach ... gekommen.
Wo hast du früher gewohnt?	Ich habe auf dem Land gewohnt.
Wie groß ist ...?	12 Quadratmeter. 3 Meter lang und 4 Meter breit.
Wie viele Zimmer hat ...?	Zwei Zimmer, Küche und WC.
Hast du kein ...?	Doch, ich habe ein ...

A 6
a) Sammeln Sie Informationen über Ihren Wohnort und Ihre Wohnsituation.
b) Fragen Sie.

➜ Ü 6

In der Siedlung

A 7
Über Wohnräume sprechen
a) Welcher Dialog passt zu welchem Bild? Ordnen Sie zu.
2.24 b) Wie gefällt den Leuten die Wohnung? Was sagen sie?

Dialog 1

→ Ü 7–8

Seit zwei Wochen wohnen Susanna C. und die Kinder Mischa und Eva am Stadtrand von Bern. Die Kinder finden es toll. Jetzt können sie draußen spielen und die Schule ist ganz nah. Aber Susanna muss jeden Tag 45 Minuten mit der S-Bahn zur Arbeit fahren. Das findet sie nicht so gut.
Heute machen Susanna, Mischa und Eva ein Fest, sie haben Nachbarn, Freunde und Bekannte eingeladen.

A

B

c) Lesen Sie die Dialoge und sammeln Sie:

Möbel
Farben

1
- ● Das Wohnzimmer finde ich originell.
- ○ Originell? Mir gefällt es nicht.
- ● Mir schon.
- ○ Sieh mal: Das Sofa ist blau und oval, der Sessel grün und die Wände sind gelb. Das passt nicht zusammen. Und dann der Boden grau und der Teppich rosa, und dazu der Sessel aus Holz, und die Lampen ...

3
- ● Habt ihr keinen Herd?
- ○ Doch, hier. Ganz modern, ohne Knöpfe.
- ● Und die Heizung?
- ○ Wir haben Gas. Das ist sehr praktisch. Früher haben wir mit Öl geheizt...
- ● Entschuldigung, wo ist die Toilette?
- ○ Wie bitte?
- ● Ich suche die Toilette.
- ○ Ach so. Im Flur ...

A 8
Ergänzen Sie Ihren Plan von A 3. Zeichnen Sie Möbel und Gegenstände.

www

2
- ● Hast du das Bild da hinten gesehen? Wie gefällt es dir?
- ○ Das finde ich super! Das da gefällt mir auch.
- ● Und das Foto – ziemlich alt. Wo ist das wohl?
- ○ In Italien, in Rom. Das ist ein Film-Foto, „Roman Holiday", 1953!
- ● Aha ...

4
- ● Schön, wirklich schön. Gratuliere!
- ○ Danke, uns gefällt es auch. Also hier im Kinderzimmer ist noch nicht alles fertig. Der Schreibtisch, der Stuhl und das Bücherregal – das ist zu viel.
- ● Und da vorne, ist da der Balkon?
- ○ Ja, da ist gleich die Autobahn. Da ist es ein bisschen laut.

A 9
Auf dem Fest: Wie gefallen Ihnen die Räume? Spielen Sie.

→ Ü 9

Über Wohnungen und Möbel sprechen

Wie gefällt dir das?	Mir gefällt es nicht.
	Das finde ich originell.
Hast du das Bild gesehen?	Das finde ich super.
Wie gefallen dir die Möbel?	Die passen nicht zusammen.
Habt ihr kein ... ?	Doch, hier.
	Nein, leider nicht.
Das Sofa ist blau und der Sessel ist grün.	
Schön, gratuliere!	Danke, uns gefällt es auch.

Ein Bild beschreiben

A 10

a) Wie gefällt Ihnen das Bild? Diskutieren Sie.

Mir gefällt …

Ich finde es ….

Es ist …

Villen am Hügel

Dieses Bild hat Gabriele Münter 1911 gemacht. Sie hat es „Villen am Hügel" genannt.

Man sieht vier Häuser. Sie sind groß und blaugrün. Die Fenster sind schwarz, die Dächer rotbraun und schwarz. Es gibt keine Türen, nur Fenster. Der Himmel ist groß und hellgelb.

Durch das Bild geht eine Linie von oben links nach rechts unten. Das ist der Hügel. Gabriele Münter hat den Hügel grün und grüngelb gemalt. Hinten sind die Häuser. Sie stehen schräg auf dem Hügel. Vorne stehen Pflanzen und Bäume. Sie sind schwarz oder gelbschwarz.

Alles ist sehr einfach und fast primitiv. Das Bild ist leer. Man sieht keine Personen.

b) Lesen Sie und vergleichen Sie mit dem Bild.

c) Hören Sie 2.28 einen Kommentar zum Bild. Vergleichen Sie mit Ihrer Meinung.

→ Ü 10

Texte schreiben

TITEL: Villen am Hügel

1. Wer? Was? Wann?

Gabriele Münter, ___________

Sie hat ___________ gemacht.

2. Das Bild

Ausdrücke	**Wörter**
Dieses Bild hat ..	das Haus, Häuser, der Himmel, ...
Es ist ...	Farben, Linien, ...
Man sieht ...	groß, schwarz, ...
Es gibt ...	
Hinten sind ...	oben, links, ...

3. Schluss: Meine Meinung

Ich finde ...

Mir gefällt ...

A 11

Sehen Sie das Bild an und lesen Sie. Ergänzen Sie Wörter und Ausdrücke.

A 12

a) Suchen Sie ein Bild und planen Sie das Schreiben.

b) Schreiben Sie und vergleichen Sie.

→ Ü 11

Farben, Möbel und Gegenstände

A 13
a) Welche Möbel und Gegenstände finden Sie auf dem Bild?
→ Ü 12 – 14

der Computer
der Spiegel
der Herd
der Schrank
der Teppich
das Telefon
der Tisch
der Fernseher
das Regal
der Sessel
das Kissen
das Bild
die Lampe

b) Spielen Sie.

- ● Was ist gelb?
- ○ Die Tür.
- ● Falsch.
- ○ Der Stuhl.
- ● Richtig, er ist gelb und die Tür ist blau.
- ○ Was ist weiß?
- …

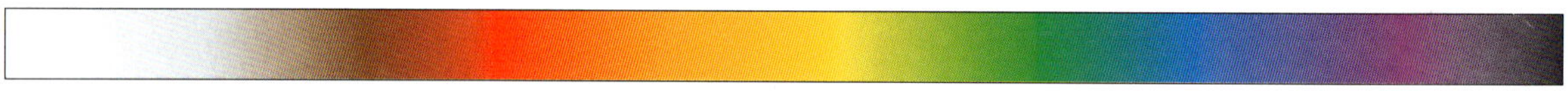

weiß – grau – braun – rot – orange – gelb – grün – blau – violett – schwarz

Räume und Häuser

A 14
a) Zeichnen Sie ein Haus. Schreiben Sie die Wörter hinein.

das Haus	das Zimmer	die Tür
der Keller	das Fenster	das Dach
der Boden	die Decke	die Wand
die Treppe	das Erdgeschoss	
der Kamin	der erste Stock	

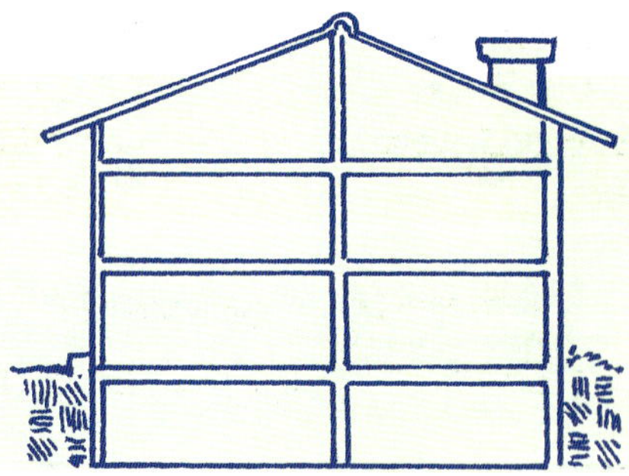

2.29
b) Notieren Sie:

Anzahl Zimmer
Lage

→ Ü 15

2.30
A 15
a) Wo wohnt Eva?
b) Sammeln Sie Wörter und Wendungen.
c) Beschreiben Sie die Häuser.

Konsonanten: b-p, d-t, g-k

[b] — ha**b**en, **B**ad	[d] — **d**anke	[g] — **g**ut
[p] — **P**lan, Te**pp**ich, gel**b**, (du) blei**b**st	[t] — **T**isch, Toile**tt**e, Sta**dt**, **Th**eater, un**d**	[k] — pra**k**tisch, e**ck**ig, Ta**g**, (du) fra**g**st

A 16 (2.31)
a) Lesen Sie halblaut mit.
b) Sprechen Sie.

Sie lesen/schreiben b, d, g:	**Sie hören/sprechen [p,t,k]:**
gel**b**, un**d**, Ta**g**	gel[p], un[t], Ta[k]
blei**b**st, fra**g**st	blei[p]st, fra[k]st

A 17 (2.32)
Sprechen Sie nach.

Bil**d**er – Bil**d**	Län**d**er – Lan**d**	Ta**g**e – Ta**g**	fra**g**en – er fra**g**t
Dialo**g**e – Dialo**g**	Ver**b**en – Ver**b**	blei**b**en – du blei**b**st	schrei**b**en – du schrei**b**st

[b] [p] Das Wa**pp**entier von **B**ern ist der **B**är. Und was ist das Wa**pp**entier von **B**erlin?
[d] [t] **D**ie Wän**d**e sin**d** gelb, der Bo**d**en ist blau und ro**t**. Ziemlich bun**t** – **d**as gefäll**t** mir!
[g] [k] **K**eine Menschen – nur Häuser. Sie sind blau**g**rün und stehen schrä**g** auf dem Hü**g**el.

A 18 (2.33)
Lesen Sie halblaut mit. Sprechen Sie.

Wortakzent: Komposita

Bücher und Regal: • • • • ●	Bücherregal ● • • •	Der Wortakzent bei Komposita ist auf dem ersten Wortteil.
Stadt und Zentrum: • • ● •	Stadtzentrum ● • •	
Kinder und Zimmer: • • • ● •	Kinderzimmer ● • • •	

A 19 (2.34)
Lesen Sie halblaut mit. Sprechen Sie.

Turmwohnung • Kinderzimmer • Wohnblock • Stadtzentrum • Straßenbahn
Stadtmensch • Stadtrand • Wohnzimmer • Schreibtisch • Bärengraben • Bücherregal

A	B
● • •	*Turmwohnung* ● • •

A 20 (2.35)
A klopft einen Rhythmus. B nennt ein passendes Wort.

Schwierige Wörter aussprechen

Stadtrand ↗	am Stadtrand ↗	Wohnst du am Stadtrand? ↗
Turmwohnung ↘	eine Turmwohnung ↘	Herr Probst hatte eine Turmwohnung. ↘
Kinderzimmer ↘	das Kinderzimmer ↘	Und das ist das Kinderzimmer. ↘

A 21 (2.36)
Sprechen Sie langsam/schnell.

Partizip II: trennbare Verben – nicht trennbare Verben

A 22 Markieren Sie das Partizip II.

Wohnen in Bern

Herr Probst hat den Touristen etwas über Bern erzählt.
Ella Z. hat in der Stadt viel Miete bezahlt. Dort ist sie oft ausgegangen.
Der Maler Paul Klee ist in Bern aufgewachsen und Albert Einstein hat in Bern die Relativitätstheorie entwickelt.
Susanna C. ist vor kurzem in Bern umgezogen.

A 23 a) Sortieren Sie die Partizipien aus A 22. b) Schreiben Sie den Infinitiv. c) Betonen Sie richtig.

→ Ü 16

Partizip II	Infinitiv	Partizip II	Infinitiv
aus / gegangen	*(ausgehen)*	*erzählt*	*(erzählen)*
ge	( )		( )
ge	( )		( )

Regel Ergänzen Sie.

Verben mit trennbarem Präfix

(auf-, aus-, um-, ...) Präfix: *betont* ______

Partizip II: Präfix + -___ + ... -*(e)t / -en*:

aus/ge-gang-en

Verben mit nicht trennbarem Präfix

(er-, ent-, be-, ...) Präfix: ______

Partizip II: *ohne -ge-*:

be-zahl-t

Über Vergangenes sprechen: Perfekt mit „haben" oder „sein"

A 24 a) Markieren Sie Perfekt-Formen mit „sein" und Perfekt-Formen mit „haben". b) Sortieren Sie die Verben im Infinitiv.

→ Ü 17 – 18

Ottfried H. ist in Friedrichskoog aufgewachsen. Er hat in einem Dorf an der Nordsee gewohnt. Später hat er in Hamburg studiert. Dort ist er drei Jahre geblieben. Vor einem Jahr ist er nach Bern gekommen.

Die meisten Verben:	„Bewegung zu einem Ziel" oder „Veränderung":
Perfekt mit „haben"	Perfekt mit „sein"
wohnen, ______	*kommen,* ______

Regel Ergänzen Sie.

Perfekt mit „haben" oder „sein"

Die meisten Verben bilden das Perfekt mit ______.

Verben mit der Bedeutung „Bewegung zu einem Ziel" oder „Veränderung" bilden das Perfekt mit ______.

⚠ **bleiben** → Dort **ist** er drei Jahre **geblieben**.

Über Vergangenes sprechen: Präteritum von „haben“ und „sein“

Herr Probst erzählt: Ich war 14 Jahre lang Turmwächter. Ich habe mit meiner Frau im Münsterturm gewohnt. Wir hatten vier Zimmer und einen Balkon. Von dort war die Aussicht ganz besonders: Bei schönem Wetter hat man sogar die Berner Alpen gesehen. Ella Z. hatte eine Wohnung im Zentrum. Früher war sie ein Stadtmensch.

A 25
a) Schreiben Sie die Sätze in die Satzklammer.
b) Notieren Sie den Infinitiv.

1	2	Satzklammer		Infinitiv
Ich	*war*	*14 Jahre lang Turmwächter.*		*sein*
Ich	*habe*	*mit meiner Frau im Münsterturm*	*gewohnt.*	

Präteritum von „haben“ und „sein“

A 26
Ergänzen Sie die Verbformen und die Endungen.
→ Ü 19 – 20

	sein	**Endung**	haben	**Endung**
ich	___	–	ha tt e	-e
du	war st	-st	ha tt est	-est
Sie	war en	-___	ha tt en	-___
er, es, sie	___	–	___	-e
wir	war en	-___	___	-___
ihr	war t	-t	ha tt ___	-et
Sie	war ___	-en	ha tt en	-en
sie	war en	-___	ha tt en	-___

Regel
Ergänzen Sie.

Über Vergangenes sprechen
Verben „haben“, „sein“

Präteritum: *ich war, ich …* ___
Die Wohnung war laut. Wir hatten zwei Zimmer.

Andere Verben

Perfekt: „sein“ oder ___ + ___
Ella ist in Spanien aufgewachsen.

Satz: Ja-/Nein-Frage mit „nicht“ oder „kein-“

War die Wohnung zu groß?
● Nein (, sie war nicht zu groß).
○ Ja (, sie war zu groß).

War die Wohnung nicht zu groß?
● Nein (, sie war nicht zu groß).
○ Doch (, sie war zu groß).

Hatte sie keinen Balkon?
● Nein (, sie hatte keinen Balkon).
○ Doch (, sie hatte einen Balkon).

A 27
Lesen Sie laut.
→ Ü 21

Regel
Ergänzen Sie.

Ja-/Nein Frage

Antwort: – *Nein* ___
\+ ___

Ja-/Nein-Frage mit „nicht“ oder „kein-“

Antwort: – ___
\+ ___

Die Einladung

A 1
Einladen
Wer kommt zum Geburtstag?

➜ Ü 1

Claudia Höfer hat Geburtstag. Ihr Freund Stefan kocht gern. Claudia hat ein paar Freundinnen eingeladen, Stefan seinen Arbeitskollegen Franz Kohl. Sie schicken ihnen eine Einladung.

EINLADUNG

WANN? Am 8. Juni
WO? Kupfergasse 4, Leipzig
WAS? Abendessen mit Freunden

Claudia und Stefan

2.37

A 2
a) Was fragt Christine am Telefon? Vergleichen Sie.
b) Notieren Sie Claudias Antworten.

➜ Ü 2 – 3

A 3
Gäste empfangen

2.38

a) Wie viele Personen sprechen?
b) Spielen Sie Dialoge.

➜ Ü 4

- ● Guten Abend, Herr Kohl! Schön, dass Sie kommen.
- ○ Danke für Ihre Einladung. Und das habe ich Ihnen mitgebracht.
- ● Oh, vielen Dank für die Blumen. Die sind wunderschön.
- ○ Mir gefallen sie auch.
- ● Darf ich vorstellen, das ist meine Freundin, Christine Berger.
- ○ Hallo, Frau Berger. Ich bin Franz Kohl, ein Kollege von Stefan.
- ■ Guten Abend. Freut mich.
- ● Was kann ich Ihnen anbieten? Einen Aperitif, Sekt, Bier, Wein, Saft ...?
- ○ Einfach ein Glas Wasser, bitte.
- ● Und du, Christine, was nimmst du?
- ■ Ich trinke einen Sekt mit dir!
- ● Also dann, zum Wohl!
- ■ Zum Wohl! Wo ist eigentlich dein Freund?
- ● Stefan ist in der Küche. Heute kocht der Chef persönlich.
- ■ Komm, wir bringen ihm auch einen Sekt.

A 4
a) Was ist passiert?
b) Was haben Sie erlebt? Erzählen Sie.

Die Speisekarte

Das Essen ist angebrannt. Stefan und Claudia gehen mit ihren Freunden zum Restaurant „Alt-Leipzig“. Sie sehen die Speisekarte an.

Restaurant Alt-Leipzig

8. Juni

Vorspeisen

Bunter Salatteller mit Thunfisch und Toast	6,70 €
Geräucherte Forelle	6,50 €
Suppentopf mit Huhn	4,80 €
Knoblauchrahmsuppe	4,20 €
Nudelsuppe	3,50 €

Hauptspeisen

Forelle blau mit Salzkartoffeln und Salat	11,20 €
Gemüse überbacken mit Nudeln	8,40 €
Filetsteak in Pfefferrahmsauce mit Gemüse und Kartoffelkroketten	22,50 €
Hühnerschnitzel in Currysauce mit Früchtereis	9,50 €

A 5
Eine Speisekarte lesen
a) Welche Speisen kennen Sie nicht? Fragen Sie.
→ Ü 5
b) Stellen Sie ein Menü zusammen.

● Und? Was meint ihr?
○ „Forelle blau“, das klingt gut. Ich habe Lust auf Fisch.
■ Ich glaube, ich nehme ein Steak, riesengroß! Ich habe so einen Hunger!
□ Ich esse heute lieber kein Fleisch. Gibt es auch Vegetarisches?
● Ja, da, „Gemüse überbacken“, und es gibt bestimmt noch mehr ohne Fleisch.
■ Gehen wir doch einfach rein.
● Ich hoffe, es ist noch Platz. Wir haben ja nicht reserviert. Ich frage mal.
■ Ja, mach das, bitte.

A 6
a) Lesen Sie. Von welchen Speisen sprechen die Personen?
b) Hören Sie. Was geschieht? 2.39
→ Ü 6 – 8

Gäste empfangen

Guten Abend. Schön, dass Sie kommen.	Danke für die Einladung.
Was kann ich Ihnen anbieten? Es gibt … .	Ein Glas Wasser, bitte.
Was möchtest du trinken?	Danke, im Moment nichts.
Was nimmst du?	Einen Saft, bitte.

Ein Geschenk überreichen

Hier, die sind für Sie.	Vielen Dank für die Blumen.
Das ist für dich.	Das ist aber lieb von dir.

A 7
Was machen Claudia und ihre Freunde?

Imbiss

2.40 A 8
Über Essen sprechen
Worüber sprechen die Personen?

→ Ü 9

- ● Schmeckt's?
- ○ Es geht, ich habe schon besser gegessen.
- ● Du bist nie zufrieden, du Superkoch du! Willst du mal meinen Döner probieren? Schmeckt phantastisch!
- ■ Und mein Bier, frisch aus der Dose! Super!
- □ Der Gemüse-Burger! Sehr fein.
- ■ Dann trinken wir mal auf dich, Claudia. Alles Gute zum Geburtstag! Auf dich!

A 9
Smalltalk beim Essen: Spielen Sie.

A 10
Postkarten schreiben
a) Welche Informationen sind neu? Markieren Sie.

→ Ü 10 – 12

b) Sie waren Gast bei ... . Schreiben Sie eine Postkarte.

Liebe Petra,

leider warst du nicht da. Das war ein Geburtstag! Stefan hat gekocht, alles ist angebrannt.
Und im „Alt-Leipzig" war kein Platz. Dann haben wir am Dönerstand gegessen und gefeiert. Und dann: Tanzen bis in den Morgen. Das war richtig gut!
Ich habe viele Geschenke bekommen. Ein Kollege von Stefan hat mir sooo einen Blumenstrauß gebracht. Und Stefan – der hat mir ein Wochenende in Hamburg geschenkt!
Christine fährt mit nach Hamburg! Und du? Hast du auch Lust?

Bis bald, deine Claudia

Über das Essen sprechen	
Guten Appetit!	Danke.
Zum Wohl! Prost!	Zum Wohl! Prost!
Auf dich!	Auf uns!
Möchtest du mal versuchen?	Ja, gerne.
Das musst du probieren.	Nein, danke, lieber nicht.
Wie ist das Essen?	Es ist ganz frisch. Es schmeckt gut.
	Es geht. Ich esse lieber ...
Gratulieren	
Alles Gute zum Geburtstag!	Vielen Dank.

Texte kürzen

Nudelauflauf mit Gemüse

Zutaten (für sechs Personen):
700 g breite Nudeln
400 g Käse
300 g Tomaten
½ kg Spinat
200 g Karotten

Zutaten für die Sauce:
70 g Mehl
50 g Butter
¾ l Milch
2 Eier
Salz, Pfeffer, Muskatnuss

1. Für die Sauce Butter erhitzen und Mehl einrühren. Milch dazu gießen und alles gut rühren. Sauce ein paar Minuten leicht kochen, mit Salz, Pfeffer und Muskatnuss würzen. Leicht abkühlen lassen. Eier dazu geben.

2. Käse in Scheiben schneiden. Tomaten kurz kochen und schälen, in Scheiben schneiden. Spinat kurz kochen und würzen. Karotten dünn schneiden. Backofen auf 180 °C einschalten.

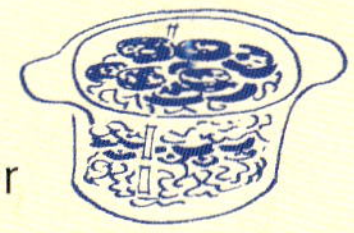

3. Nudeln nur kurz kochen, einen Teil in eine Form geben, Tomaten und Käse darauf legen. Nudeln darüber geben, Spinat und Karotten darauf verteilen, darüber Nudeln und Tomaten. Auf jede Lage ein wenig Sauce geben.

4. Käse auf den Auflauf streuen und ca. 50 Minuten in den Backofen geben.

A 11
a) Markieren Sie die Zutaten im Text.
b) Welche Verben und Ausdrücke passen zu den Zeichnungen?
c) Suchen Sie Ausdrücke mit Verben im Text. Markieren Sie.

➜ Ü 13

1. Sauce: Butter - Mehl - Milch: gut rühren, kurz kochen, würzen. Eier dazu.
2.

A 12
Wie kocht man Nudelauflauf? Notieren Sie.

Mit Textbausteinen schreiben

1 Ich esse wenig Fleisch. Ich bin kein Vegetarier, aber es schmeckt mir nicht. Ich esse lieber Gemüse und Salat. Torten und Kuchen mag ich nicht gerne, Obst schmeckt mir viel besser. Ich esse sehr gesund. Ich trinke nie Kaffee.

2 Ich esse meistens schnell. Am Morgen habe ich keine Zeit: ein Kaffee, ein Brot - das ist mein Frühstück. Ich bin wenig zu Hause, und zu Mittag esse ich schnell einen Salat oder einen Imbiss, Döner oder Pizza, oft im Stehen. Am Abend esse ich gerne kalt: Brot, Wurst, Käse, dazu ein Bier.

3 Gut essen ist für mich wichtig. Ich genieße das, und ich brauche Zeit. Zu Mittag esse ich nur wenig. Aber am Abend mal ein Menü, dazu einen Wein, das mag ich. Das mag ich lieber als zu Mittag essen. Ich esse auch gerne Fleisch.

A 13
a) Welcher Text passt zu Ihnen?
b) Was essen Sie (nicht) gern? Markieren und notieren Sie Textbausteine.

➜ Ü 14

A 14
Und Ihr Text?

Kochen und essen

A 15
Lesen Sie die Wörter laut. Wo machen Sie das? Zeigen Sie auf die Zeichnung.
→ Ü 15

Hunger und Durst haben
etwas zum Essen machen
den Salat waschen
die Tomaten schneiden
die Sauce kochen
Nudeln kochen
den Tisch decken
die Getränke holen
das Essen genießen
satt sein
den Tisch abräumen
das Geschirr abwaschen
einen Kaffee machen

Den Tisch decken

A 16
Decken Sie den Tisch: Zeichnen Sie.
→ Ü 16

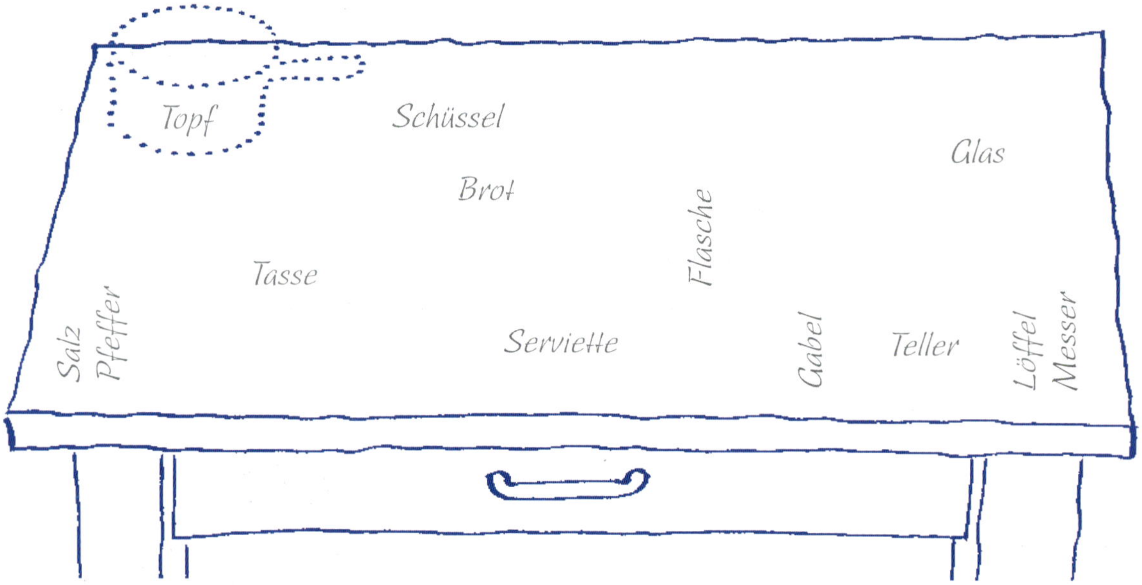

Was ist ...?

2.41

A 17
a) Was ist ...? Kreuzen Sie an.
b) Notieren Sie Ihre Wörter.
→ Ü 17

süß		☐ die Torte	☐ die Limonade	______
sauer		☐ die Zitrone	☐ der Apfel	______
scharf		☐ der Pfeffer	☐ der Essig	______
frisch	wie	☐ das Brot	☐ das Gemüse	______
trocken		☐ das Brötchen	☐ der Kuchen	______
heiß		☐ das Fleisch	☐ das Huhn	______
kalt		☐ das Eis	☐ der Orangensaft	______

Konsonanten: s, sp, st, sch

A 18 (2.42)
a) Lesen Sie halblaut mit.
b) Sprechen Sie.

[s] — Glas, Essen, süß
[z] — Salat
[ʃ] — schmecken
[ʃt] — Stunde
[ʃp] — Spinat

Sie lesen/schreiben:	Sie hören/sprechen:	
Wurst, du bringst, Gast	Wur[st], du bring[st], Ga[st]	am Wort-/Silbenende
Stunde, vorstellen	[ʃt]unde, vor[ʃt]ellen	am Wort-/Silbenanfang
Spinat, sprechen	[ʃp] inat, [ʃp]rechen	

A 19 (2.43)
a) Was hören Sie? Markieren Sie.
b) Sprechen Sie.

	[s]	[z]	[ʃ]
1. besser	☐	☐	☐
2. Flasche	☐	☐	☐
3. Sahne	☐	☐	☐
4. Glas	☐	☐	☐

	[s]	[st]	[ʃt]	[ʃp]
5. du kochst	☐	☐	☐	☐
6. sprechen	☐	☐	☐	☐
7. bestimmt	☐	☐	☐	☐
8. genießen	☐	☐	☐	☐

A 20 (2.44)
Sprechen Sie nach.

[s] und [z]	Das Gemüse müssen Sie essen! ↘ Sehr gut! ↘
[st] und [ʃt]	Ich habe Lust auf Obst. ↘ Kann ich einen Obstsalat bestellen? ↗
[z] und [ʃ]	Der Sekt schmeckt sehr gut, etwas süß, aber schön kalt. ↘

Dialoge sprechen

A 21 (2.45)
a) Lesen Sie halblaut mit.
b) Sprechen Sie mit dem Partner / der Partnerin.

● Guten Abend! ↘
Schön, dass Sie kommen ↘
○ Danke für die Einladung. ↘
Die Blumen sind für Sie! ↘
● Wie schön! ↘ Vielen Dank! ↘
Kann ich Ihnen etwas anbieten? ↗
○ Ja, gerne. ↘
● Was möchten Sie trinken? ↘
Sekt? ↗ Orangensaft? ↗
○ Ein Glas Mineralwasser, bitte. ↘

Textreferenz: Personalpronomen (Dativ)

A 22
a) Worauf beziehen sich die Wörter? Zeichnen Sie Pfeile.
→ Ü 18

Claudia Höfer hat Geburtstag und lädt Freunde ein. Sie hat ihnen eine Einladung geschickt.

Claudia: Guten Abend, Herr Kohl! Was kann ich Ihnen anbieten?
Herr Kohl: Geben Sie mir ein Glas Wasser, bitte.
Claudia: Und du, Christine, was kann ich dir bringen?
Christine: Ich trinke einen Sekt mit dir. Wo ist eigentlich dein Freund?
Claudia: Stefan ist in der Küche. Komm, wir bringen ihm auch einen Sekt.

b) *Ihre* Sprache: Schreiben und vergleichen Sie.
→ Ü 19

Claudia hat Geburtstag. Stefan schenkt ihr ein Wochenende in Hamburg. ______

Herr Kohl kommt auch. Claudia bietet ihm einen Aperitif an. ______

Personalpronomen: Nominativ, Akkusativ und Dativ

A 23
Schreiben Sie die Pronomen aus A 22 in die Tabelle.

Nominativ	ich	du	er	es	sie	wir	ihr	sie	Sie
Akkusativ	mich	dich	ihn	es	sie	uns	euch	sie	Sie
Dativ	___	___	___	*ihm*	___			___	___

Satzbaupläne: Verb und Ergänzungen

A 24
Schreiben Sie die Sätze in die Tabelle.
→ Ü 20 – 21

Die Party von Claudia: Herr Kohl bringt ihr einen Blumenstrauß mit. Claudia bietet ihm einen Aperitif an. Stefan schenkt ihr ein Wochenende in Hamburg.

Subjekt Wer? oder Was?	Verb	Dativ-Ergänzung Wem?	Akkusativ-Ergänzung Wen? oder Was?	
Herr Kohl	*bringt*	*ihr*	*einen Blumenstrauß*	*mit*.

A 25
Ergänzen Sie Verben aus A 22.

Verben mit Dativ und Akkusativ:

schicken, ______

Textreferenz: Possessiv-Artikel

Gestern hatte Claudia Höfer Geburtstag. Stefan, ihr Freund, kocht gern und sie haben ihre Freunde eingeladen.
Franz Kohl: Danke für Ihre Einladung, Frau Höfer.
Claudia: Das ist meine Freundin Christine.
Christine: Hallo, Claudia, wo ist eigentlich dein Freund?

	Claudia	Stefan
der Freund von:	☐	☐
die Freunde von:	☐	☐
die Einladung von:	☐	☐
die Freundin von:	☐	☐
der Freund von:	☐	☐

A 26
a) Was passt? Kreuzen Sie an.

Possessiv-Artikel: Formen

Personalpronomen	ich	du	er	es	sie	wir	ihr	sie	Sie
Possessiv-Artikel	____-	____-	*sein*-	*sein*-	____-			____-	____-

b) Ergänzen Sie die Possessiv-Artikel.
→ Ü 22 – 23

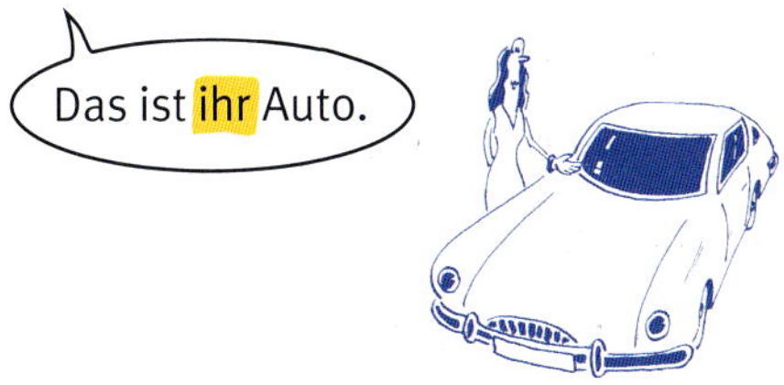

______________________ ______________________

c) *Ihre* Sprache: Schreiben und vergleichen Sie.

Possessiv-Artikel: Nominativ und Akkusativ

	maskulin	**neutrum**	**feminin**	**Plural**
Nominativ	Das ist ein / kein / *mein* Stuhl.	Das ist ein / kein / ______ Auto.	Das ist ein**e** / kein**e** / ______ Karte.	Das sind ☐ / kein**e** / ______ Karten.
Akkusativ	Ich suche ein**en** / kein**en** / ______ Stuhl.	Ich suche ein / kein / ______ Auto.	Ich suche ein**e** / kein**e** / ______ Karte.	Ich suche ☐ / kein**e** / ______ Karten.

Genauso: dein-/Ihr-; sein-, ihr-; Ihr-; ihr-

A 27
Ergänzen Sie die Formen von „mein-“ in der Tabelle.
→ Ü 24 – 25

Possessiv-Artikel

Regel

„mein-“, „dein-“, „sein-“, ... haben die gleichen Endungen wie „ein, ein, eine“ (im Singular) und wie „kein, kein, keine“.

Nominativ: Maskulin und Neutrum *– –* ______ Feminin und Plural -______

Akkusativ: Maskulin *-en* ______ Neutrum -______ Feminin und Plural -______

Ergänzen Sie die Endungen.

Adjektive: Graduierung

Ich esse **gern(e)** Fleisch.
Torten und Kuchen schmecken **gut**.

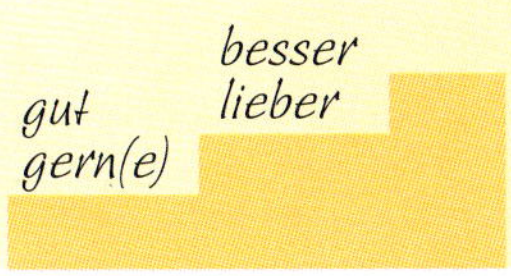

Ich esse **lieber** Gemüse und Salat.
Obst schmeckt mir **besser**.

Du musst zum Arzt ...

A 1
Über Krankheit sprechen
a) Sehen Sie das Bild an. Was hat der Mann?
2.46 b) Hören Sie und lesen Sie.
→ Ü 1

- ● Du siehst schlecht aus, Adrian.
- ○ Ach ...
- ● Was ist los mit dir?
- ○ Mir geht's nicht gut. Ich habe schlecht geschlafen. Und mein Hals tut weh.
- ● Willst du dich nicht hinlegen?
- ○ Nein, ich will nicht. Das geht vorbei.
- ● Möchtest du einen Tee?
- ○ Nein danke.
- ● Willst du eine Schmerztablette?
- ○ Ich habe schon eine genommen.
- ● Du musst zum Arzt gehen.
- ○ Nein, ich habe zu viel Arbeit. Ich muss ins Büro.

A 2
Was hat Herr Knupp gemacht? Sammeln Sie.
→ Ü 2

Adrian Knupp war krank und wollte zu Hause bleiben, aber er musste ins Büro gehen. Er hatte sehr viel Arbeit. Im Büro konnte er sich nicht konzentrieren. Er hatte Kopfschmerzen. Er hat den Arzt angerufen und einen Termin für den Nachmittag reserviert. Am Nachmittag um halb zwei war Adrian Knupp beim Arzt. Bei der Anmeldung musste er die Versicherungskarte zeigen. Und dann hat er sich ins Wartezimmer gesetzt und eine halbe Stunde gewartet.

2.47 **A 3**
a) Was will der Arzt wissen? Notieren Sie die Fragen.
b) Welche Krankheit hat Herr Knupp? Was muss er jetzt tun?
→ Ü 3 – 4

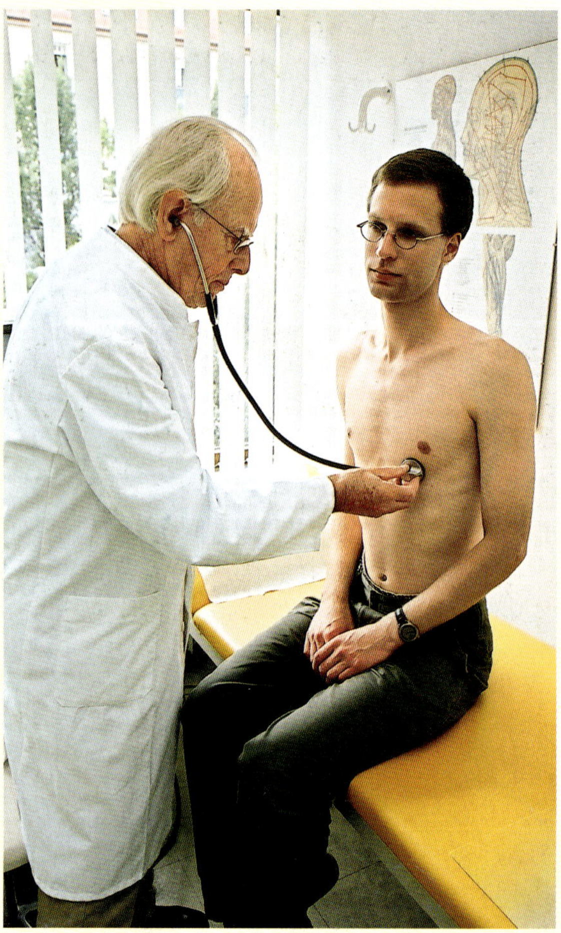

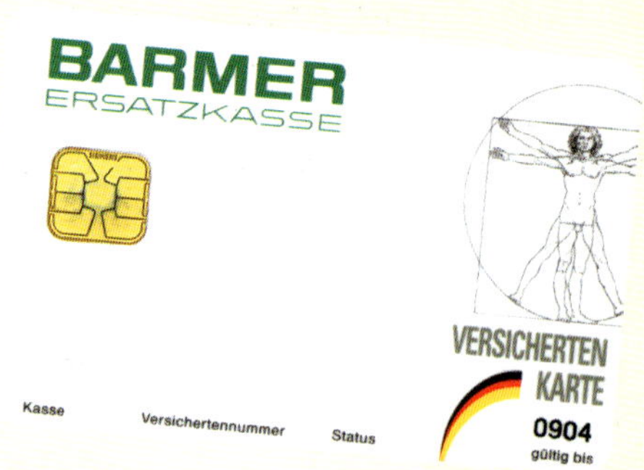

- ● Wie geht es Ihnen, Herr Knupp?
- ○ Ich fühle mich schwach. Ich war im Büro, aber ich konnte mich nicht konzentrieren
- ● Haben Sie Kopfschmerzen?
- ○ Ja, und der Hals tut auch weh.
- ● Und haben Sie Fieber?
- ○ Das weiß ich nicht. Ich habe noch nicht Fieber gemessen.
- ● Haben Sie sonst noch Schmerzen?
- ○ Ja, eigentlich überall ...
- ● Wo tut es genau weh?
- ○ Vor allem hier, in den Armen und Beinen.
- ● Seit wann haben Sie diese Schmerzen?
- ○ Also, gestern Abend war noch nichts, aber heute Morgen konnte ich fast nicht aufstehen.
- ● Aha. Dann setzen Sie sich bitte mal hier auf den Stuhl. So, und jetzt bitte tief einatmen ... und jetzt ausatmen ...

Gute Besserung ...

Wie verwenden Sie OptiCitran?
Einen Beutel OptiCitran in einem Glas mit heißem Wasser auflösen und möglichst heiß trinken. Bei Bedarf nach 4 Stunden wiederholen.
Nicht mehr als 3 Beutel pro Tag einnehmen. Wenn nach drei Tagen keine Besserung eintritt, müssen Sie einen Arzt aufsuchen.
Sie können OptiCitran zu jeder Tageszeit einnehmen, am besten aber abends oder vor dem Schlafengehen.

Was ist zu beachten?
Wenn Sie OptiCitran zusammen mit Alkohol einnehmen, kann die Reaktionsfähigkeit beeinträchtigt werden. Dies ist vor allem beim Fahren von Fahrzeugen oder beim Bedienen von Maschinen zu beachten.
Wichtig: OptiCitran möglichst frühzeitig bei Beginn der Erkrankung einnehmen.

A 4
Anleitungen verstehen
Notieren Sie:

Wogegen?
Wie?
Wie oft?

→ Ü 5

Mit dem Rezept vom Arzt ist Adrian Knupp in die Apotheke gegangen und hat sich dort die Medikamente gekauft. Dann ist er nach Hause gegangen und hat einen Beutel OptiCitran im kalten Wasser aufgelöst und getrunken. Und dann hat er sich ins Bett gelegt und geschlafen. Ganz lange geschlafen ... Nach ein paar Tagen war das Fieber vorbei, aber Adrian Knupp hatte keinen Appetit. Und er war immer noch sehr müde und schwach. Er konnte noch nicht ins Büro gehen.

A 5
Was hat Herr Knupp nach dem Arztbesuch gemacht? Was hat er falsch gemacht?

→ Ü 6

- ● Hallo, Adrian. Wie geht's dir?
- ○ Danke. Es geht besser, aber ich bin immer noch müde.
- ● Was hast du genau?
- ○ Ich habe diese Grippe ...
- ● Welche Grippe?
- ○ Im Moment haben viele diese Grippe. Zuerst hatte ich Fieber mit Halsweh und Kopfweh. Ich war völlig kaputt, immer müde. Und jetzt liege ich im Bett und muss viel trinken.
- ● Trinken?
- ○ Ja, ich mag nichts essen. Ich muss viel Tee trinken. Tee mit Honig ...

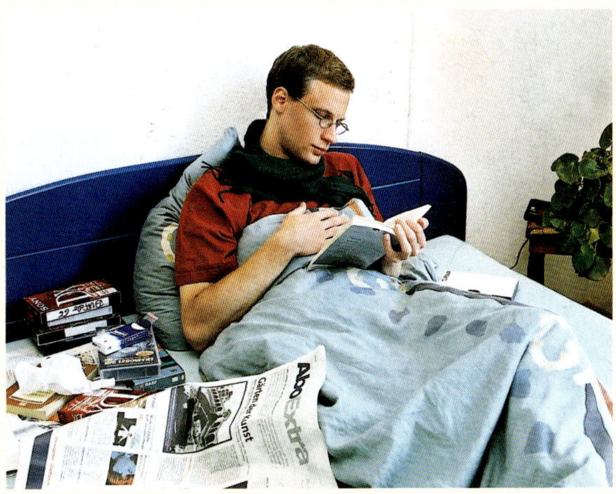

A 6
Auskunft geben
a) Sehen Sie das Bild an. Wie geht es Herrn Knupp?

b) Worum geht es? Notieren Sie. 2.48

→ Ü 7

Über Krankheit sprechen

Wie geht es Ihnen?	Schlecht, mir geht's nicht gut.
Haben Sie Fieber?	Das weiß ich nicht. Ich habe nicht gemessen.
Haben Sie Kopfschmerzen?	Ja, und ich bin sehr müde.
Seit wann haben Sie die Schmerzen?	Gestern hatte ich noch keine Schmerzen, aber ...
Wo tut es genau weh?	Vor allem hier, in den Armen und Beinen.

A 7
a) Sie sind erkältet. Was machen Sie? Notieren Sie.

b) Spielen Sie.

→ Ü 8

Ein Arzt gibt Auskunft

A 8
Über Krankheit und Gesundheit sprechen
a) Was macht ein guter Arzt? Sammeln Sie.
b) Lesen Sie und vergleichen Sie.
→ Ü 9

Für Dr. Birrer ist das Gespräch zwischen Arzt und Patient sehr wichtig. Er benutzt für das Gespräch mit den Patienten eine Checkliste. Er spricht mit ihnen nicht nur über die Krankheit, sondern auch über die Familie und über die Arbeit. Als Arzt muss man auch gut zuhören, sagt Dr. Birrer. Probleme gibt es, wenn die Patienten nicht Deutsch, Französisch oder Englisch sprechen. Dann redet er mit Händen und Füßen ...

Wir haben mit Dr. Birrer auch über häufige Krankheiten gesprochen: Wann gehen die Leute zum Arzt? Warum? Viele Leute gehen zum Arzt, wenn sie Schmerzen haben oder Angst.

Erwachsene gehen vor allem dann zum Arzt, wenn sie eine Grippe haben oder erkältet sind. Aber auch Rückenschmerzen sind sehr häufig. Die Leute haben nicht genug Bewegung. Sie sitzen zu lange vor dem Fernseher oder vor dem Computer. Jugendliche verletzen sich oft beim Spielen oder beim Sport. Sie kommen mit kleinen Sportverletzungen, mit Verstauchungen oder Schnittwunden zum Beispiel. Bei Sportunfällen, wenn sie sich einen Fuß oder einen Arm gebrochen haben, kommen sie meist direkt ins Krankenhaus.
Kleine Kinder haben oft Probleme mit der schlechten Luft. Sie haben häufig Husten und Schnupfen, aber auch Ohrenschmerzen.

2.49 **A 9**
Welche Fragen stellt der Arzt? Welche Krankheiten sind häufig? Notieren und vergleichen Sie.
→ Ü 10

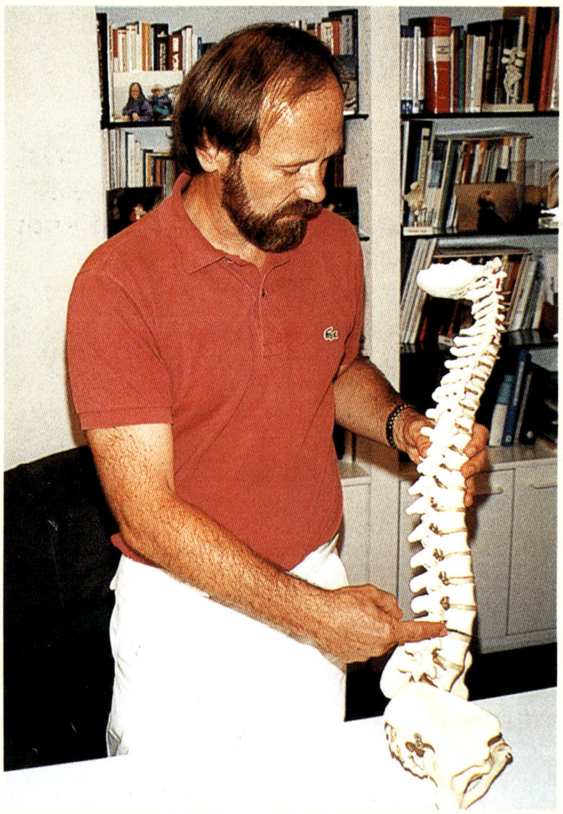

Checkliste

1. Beruf
2. Arbeitgeber
3. Allgemeinzustand
4. Gewicht
5. Appetit
6. Verdauung
7. Schlaf
8. Sport
9. Rauchen
10. Reisen
11. Herz
12. Atmung
13. Haut
14. Augen
15. Familie

A 10
a) Ordnen Sie die Fragen und die Stichwörter auf der Checkliste.
b) Beantworten Sie die Fragen und spielen Sie.
→ Ü 11

Dr. Birrer erklärt die Gründe für Rückenschmerzen:
Die Leute haben nicht genug Bewegung.

Fragen zur Gesundheit
Rauchen Sie? Wachen Sie in der Nacht oft auf? Essen Sie viel? Sind Sie oft unterwegs? Was sind Sie von Beruf? Haben Sie Appetit? Spielen Sie Tennis? Wie viel rauchen Sie? Wie fühlen Sie sich? Haben Sie Probleme beim Einschlafen? Funktioniert die Verdauung? Wie viele Zigaretten rauchen Sie pro Tag? Wie schwer sind Sie? Treiben Sie Sport? Schlafen Sie gut? Was essen Sie gern? Wo arbeiten Sie? Wie oft joggen Sie pro Woche? Hat jemand in der Familie Asthma?

Lernen mit Bewegung

Übungen gegen Rückenschmerzen: Sie können die Übungen überall machen, zu Hause, im Büro oder auch in der Schule. Sie brauchen dazu nur einen Stuhl.

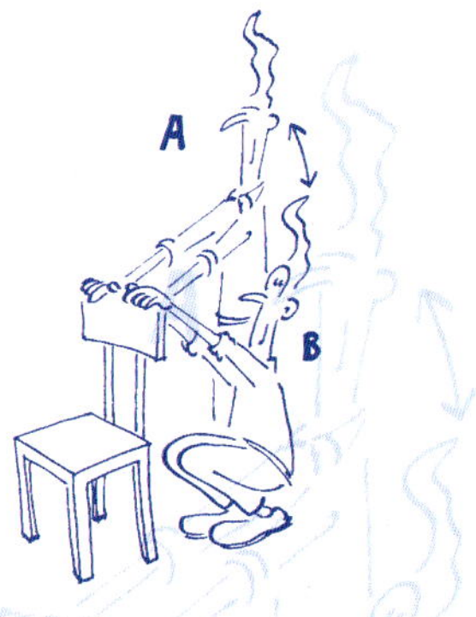

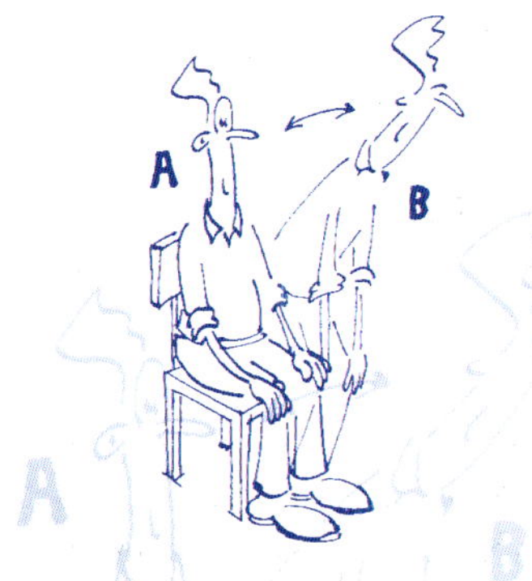

1 Stellen Sie sich hinter den Stuhl. Der Rücken ist gerade. Wenn Sie hinter dem Stuhl stehen, dann legen Sie die Hände auf den Stuhl.
Gehen Sie jetzt in die Knie – der Rücken bleibt gerade und die Hände liegen auf dem Stuhl.

Und jetzt stehen Sie wieder auf. Die Hände bleiben auf dem Stuhl. Und der Rücken bleibt gerade. Und dazu regelmäßig atmen.
Einatmen – ausatmen – einatmen – ausatmen – einatmen ...

2 Setzen Sie sich auf den Stuhl. Wenn Sie jetzt auf dem Stuhl sitzen, ist der Rücken gerade, die Beine sind entspannt und die Füße sind auf dem Boden. Und jetzt legen Sie bitte die Hände auf die Knie.

Und jetzt stehen Sie langsam auf. Der Körper geht nach vorne und die Hände liegen auf den Knien. Der Rücken bleibt gerade. Und jetzt setzen Sie sich wieder und die Hände bleiben immer auf den Knien.

A 11 2.50
a) Hören Sie. Welches Bild passt?

1: Bild ____
2: Bild ____

b) Hören Sie und machen Sie mit.
c) Kennen Sie andere Fitness-Übungen? Spielen Sie vor.

→ Ü 12 – 13

Lernkärtchen

Wohin?

1 Wohin?
zum Arzt gehen
Ich gehe zum Arzt.

2 Wohin?
nach Hause gehen
____

3 Wohin?
sich vor den Fernseher setzen
____

4 Wohin?
in die Schule gehen
____

5 Wohin?
in die Apotheke gehen
____

6 Wohin?
sich ins Bett legen
____

7 Wohin?
ins Krankenhaus fahren
____

8 Wohin?
sich auf den Stuhl setzen
____

Wo?

A Wo?
beim Arzt sein
Ich bin beim Arzt.

B Wo?
vor dem Fernseher sitzen
____

C Wo?
auf dem Stuhl sitzen
____

D Wo?
zu Hause sein
____

E Wo?
im Bett liegen
____

F Wo?
in der Apotheke einkaufen
____

G Wo?
in der Schule lernen
____

H Wo?
Im Krankenhaus liegen
____

A 12
a) Ordnen Sie die Kärtchen zu.
b) Schreiben Sie Beispielsätze.
c) Schreiben Sie neue „Wohin-Wo-Kärtchen".

→ Ü 14

Über Vergangenes sprechen: Präteritum Modalverben

A 21
a) Markieren Sie die Modalverben und die Formen von „haben".

Adrian Knupp wollte zu Hause bleiben, aber er musste ins Büro gehen. Er hatte sehr viel Arbeit.
Im Büro konnte er nicht arbeiten. Er hatte Kopfschmerzen.
Am Abend erzählt er seiner Frau: „Beim Arzt musste ich eine halbe Stunde warten."

b) Ergänzen Sie die Tabelle.

→ Ü 17 – 18

Modalverben: Präteritum

	können	**müssen**	**wollen**
ich	konn t -e	______	woll t -e
er/es/sie	______	______	woll t -e
	konn t -	muss t -	woll t -

Verb: haben

haben
hatt -e
______
hatt -

Verben mit Reflexivpronomen

A 22
a) Was ist das Subjekt in den Sätzen mit Reflexivpronomen? Zeichnen und schreiben Sie.

→ Ü 19

Subjekt – Reflexivpronomen

Am Morgen:
● Du siehst schlecht aus, Adrian. Willst du dich nicht hinlegen? *du* – dich

Im Büro:
Adrian Knupp geht ins Büro, aber er kann sich nicht konzentrieren. ______ – sich

Beim Arzt:
○ Ich fühle mich schwach. ______ – mich
● Aha. Setzen Sie sich bitte hier auf den Stuhl. ______ – sich

Am Telefon:
○ Wann kannst du wieder arbeiten? Wann sehen wir uns? ______ – uns

Personalpronomen

Nominativ	ich	du	er	es	sie	wir	ihr	sie	Sie
Akkusativ	mich	dich	ihn	es	sie	uns	euch	sie	Sie

Reflexivpronomen

b) Ergänzen Sie die Tabelle.

Akkusativ	______	______	______	______	*euch*	*sich*	*sich*

Regel **Reflexivpronomen: Form**

Ergänzen Sie.

Die Formen von Reflexivpronomen und ____________________ sind im Akkusativ gleich.

⚠ Ausnahme: „__________" (3. Person und „Sie"-Anrede)

Wechselpräpositionen mit Dativ oder Akkusativ

Wohin gehen Sie? → In den Kurs. Ins Büro. In die Schule.

Wo sind Sie jetzt? – Im Kurs. Im Büro. In der Schule.

~~in das~~ → **ins** Büro
~~in dem~~ → **im** Kurs
~~an dem~~ → **am** Tisch

A 23
Markieren Sie die Präpositionen.

Wechselpräpositionen: Richtung / Bewegung
„in“ mit ____________

Position / Ruhe
„in“ mit ____________

Regel
Ergänzen Sie „Akkusativ“ oder „Dativ“.

Michael wohnt am Stadtrand. Er arbeitet viel im Büro und sitzt lange am Schreibtisch. Der Weg ins Büro ist nicht weit. Er hat oft Rückenschmerzen. In seinem Büro hängt jetzt ein Plakat an der Wand. Auf dem Plakat sind Übungen gegen Rückenschmerzen, z.B.:
„Stellen Sie sich hinter den Stuhl. Wenn Sie hinter dem Stuhl stehen, legen Sie die Hände auf den Stuhl. Gehen Sie jetzt in die Knie – die Hände bleiben auf dem Stuhl.“

A 24
a) Markieren Sie Präpositionen und Artikelwörter.

Wechselpräpositionen mit Dativ oder Akkusativ: ____________________________

b) Ergänzen Sie.

→ Ü 20 – 21

Satz: Nebensatz mit „wenn“

Die Leute gehen zum Arzt,
wenn sie Schmerzen haben.
Erwachsene gehen zum Arzt,
wenn sie eine Grippe haben.

Wenn sie Schmerzen haben,
gehen die Leute zum Arzt.
Wenn sie eine Grippe haben,
gehen Erwachsene zum Arzt.

A 25
a) Lesen Sie. Markieren Sie die Verben.

Hauptsatz vor Nebensatz

Hauptsatz	**Nebensatz**		
Die Leute (gehen) zum Arzt,	*wenn*	*sie Schmerzen*	*(haben).*
	Subjunktor		**Verb**

b) Ergänzen Sie die Sätze.

→ Ü 22

Nebensatz vor Hauptsatz

Nebensatz			**Hauptsatz**
Wenn	*sie Schmerzen*	*(haben),*	*(gehen) die Leute zum Arzt.*
Subjunktor		**Verb**	

Nebensatz mit „wenn“

Der Nebensatz beginnt mit dem Subjunktor „____________“, das ____________ steht am Ende.

Nebensatz vor Hauptsatz: Der Hauptsatz beginnt mit dem ____________.

Regel
Ergänzen Sie.

11 Kleidung

Kleider machen Leute

A 1
Über Kleidung sprechen
a) Lesen Sie und notieren Sie Kleidungsstücke.
b) Sortieren Sie:

Beruf / Freizeit

→ Ü 1

1

Carsten S., 28, Elektriker

Ich ziehe mich sportlich an: Jeans oder eine bequeme Hose, Hemd, Pullover und Sakko – ich mag bequeme Kleidung. Die Sachen müssen natürlich sauber und ordentlich sein! Anzüge trage ich selten, nur mal zu einer Feier oder zu einem Termin. In meiner Freizeit trage ich gerne Sportkleidung: Einen Jogginganzug, T-Shirt und Turnschuhe.

2

Anne K., 35, Geschäftsfrau

Bei der Arbeit trage ich fast immer einen Rock, eine schicke Bluse und eine Jacke, die dazu passt. Aber auch in meiner Freizeit trage ich gerne schöne Kleider! Jeans und T-Shirts mag ich nicht. Das ist mir zu lässig und sieht nicht gut aus. Da ziehe ich lieber ein modisches Kleid an.

3

Uwe P., 23, Student

Ich ziehe an, was mir gefällt! Und ich gebe nicht viel Geld für Kleidung aus. Bei Jeans, T-Shirts und Pullovern kaufe ich nur Sonderangebote. Und wenn ich mal eine Regenjacke oder einen Mantel brauche, gehe ich in einen Second-Hand-Laden. Da ist es billig. Mode interessiert mich nicht. „Kleider machen Leute“, so ein Quatsch!

4

Aishe T., 31, Ärztin

Bei mir ist ein großer Unterschied zwischen Berufs- und Freizeitkleidung. Ich bin Ärztin und im Krankenhaus trage ich nur weiße Kleidung: weiße Hose, weiße Bluse, weiße Schuhe und einen weißen Mantel. Da erkennen mich manchmal sogar meine Freunde nicht. Privat bin ich ganz anders angezogen. Ich mag leichte, lockere Sachen, und gerne bunt!

A 2
a) Was tragen Sie (nicht) gerne?
b) Beschreiben Sie eine Person. Die anderen raten.

→ Ü 2–3

In der Boutique

● Sieh mal, der Rock!
○ Welcher, der grüne?
● Nein, der rote! Meinst du, der steht mir?
○ Bestimmt!
● Aber der passt doch nicht zu den bunten T-Shirts.
○ Stimmt, da hast du Recht.
● Und das Kleid?
○ Welches?
● Das lange schwarze!
○ Ich weiß nicht. Es ist ein bisschen zu brav.
● Also, ich find das echt gut!
■ Kann ich euch helfen?
○ Danke, wir möchten uns nur umsehen.

A 3 2.59
Einkaufsgespräche führen
a) Kennen Sie die Situation? Hören und lesen Sie.
b) Spielen Sie.

➜ Ü 4 – 5

Im Kaufhaus: Herren-Oberbekleidung

● Guten Tag, kann ich Ihnen helfen?
○ Guten Tag. Ich möchte den Anzug aus dem Schaufenster anprobieren.
● Welchen meinen Sie? Den grauen oder den braunen?
○ Den braunen.
● Welche Größe?
○ 52, ich glaube, ich habe Größe 52. Wo kann ich den Anzug anprobieren?
● Da drüben in der Kabine ...
○ Moment mal. Ich probiere lieber mal die Hose hier an und das Hemd und den grünen Pullover ...

A 4 2.60
a) Wie kaufen Sie Kleidung? Hören und lesen Sie.
b) Spielen Sie.

➜ Ü 6 – 7

Über Kleidung sprechen

Wie findest du die Bluse?	Die sieht sehr hübsch aus! Toll!
Was trägst du gerne?	In der Freizeit trage ich gerne … .
Bei der Arbeit trage ich … .	Das steht dir gut!

Kleidung kaufen

Kann ich Ihnen helfen?	Danke, ich möchte mich nur umsehen.
	Haben Sie den Pullover auch in Grün?
Welche Größe haben Sie?	Ich suche XL.
	Ich habe Größe 52.

Früher – heute

A 5
Über Mode sprechen
a) Bild und Text: Was passt?
b) Lesen Sie und notieren Sie Stichpunkte.
c) Vergleichen Sie.

→ Ü 8 – 9

1

Als Kind habe ich immer Latzhosen angezogen. Und meine Mutter hat mir Pullover geschenkt, aus Wolle und ganz bunt. Bei uns in der Familie haben alle Birkenstock-Schuhe getragen: Bequem und gesund. Ich wollte lieber Turnschuhe tragen: Adidas oder Puma. Mit 14 habe ich meine Kleider selbst ausgesucht. „Jetzt bist du kein Kind mehr", hat mein Vater gesagt. Aber elegante Hosen und modische Hemden hat er mir trotzdem nicht gekauft. Und ich war doch ein Mode-Fan: Lagerfeld, Armani, Boss!

Mit 20 bin ich dann von zu Hause ausgezogen. Ich habe gejobbt und mir meinen ersten Anzug gekauft – von Armani! Endlich! Mein Musikgeschmack hat sich auch geändert. Statt Jimi Hendrix und Rolling Stones habe ich Bach und Vivaldi gehört.
Heute trage ich im Büro Anzüge und zu Hause Jeans. Und meine Kinder dürfen ihre Kleider selbst aussuchen!
Jonathan Schreitmeier, Programmierer

2

Mein erster Minirock war für meine Eltern ein Schock. „Gehst du zum Karneval?", hat meine Mutter gefragt. In der Schule habe ich ihn nie angezogen. Dabei habe ich mir den Rock von meinem eigenen Geld gekauft! Mit 16 war ich „Raver", d.h. meine Haare waren rot oder grün, meine Kleidung ziemlich ausgeflippt. Deshalb hat es bei uns zu Hause immer Streit gegeben: Meine Musik war zu laut, meine Kleidung zu bunt und meine Freunde waren zu schmutzig.

Heute bin ich wieder ganz normal und meine Tochter darf verrückte Kleider anziehen. Manchmal zieht sie sogar meine Sachen an. Und wir hören zusammen Hiphop oder meine alten CDs.
Sieglinde Krüger, Lehrerin

A 6
a) Ist Mode für Sie wichtig?
b) Was trägt man bei Ihnen?

Freizeit
Beruf
Sonntag

→ Ü 10 – 11

Über Mode sprechen

Wie wichtig ist für Sie Mode?	Mode interessiert mich.
Was musstest du früher anziehen?	Als Kind musste ich ...
Was hast du als Kind angezogen?	Meine Mutter hat mir ... gekauft.
Was wolltest du gerne anziehen?	Ich wollte lieber ...
Wie war das bei dir?	Als Kind habe ich ...
	Später ....
	Mit 14 .....
	Heute ....

Tests

Ich mache gerne Tests und Prüfungen. Ich will zeigen, was ich gelernt habe. Ich kann mich dann auch mit den anderen vergleichen. *Martha, 18, Lodz*

Ich mache nicht gerne Tests. Das ist Stress für mich. Ich vergesse immer alles. Ich lerne nicht für die Note. Ich lerne für mich. *Carlos, 35, Valencia*

A 7
Was trifft für Sie zu? Vergleichen Sie.

→ Ü 12

Hören testen

A 8 2.61
a) Sie hören die Texte zweimal. Kreuzen Sie an.
b) Was war leicht? Was war schwer? Vergleichen Sie.

→ Ü 13

1 Welchen Anzug probiert Herr Kurz an?

[a] den grauen

[b] den dreiteiligen

[c] den grauen im Sonderangebot

2 Welche Bluse empfiehlt Rosanna?

[a] die karierte Bluse

[b] die gestreifte Bluse

[c] die einfarbige helle Bluse

Lesen testen

A 9
a) Richtig oder falsch? Kreuzen Sie an.
b) Was war schwer? Was war leicht? Vergleichen Sie.

→ Ü 14

1 Vor dem Restaurant

Wir sind in den Ferien:
5. Juli – 28. Juli
Wiedereröffnung am 31. Juli
Schöne Ferien!

Sie können am 30. Juli hier Ihren Geburtstag feiern.

richtig | falsch

2 Im Bahnhof

Die Züge nach Mannheim fahren heute wegen Streik nicht. Informieren Sie sich bitte am Schalter – Ihre Bahn

Sie können heute nicht nach Mannheim fahren.

richtig | falsch

3 An der Tür von einem Modegeschäft

Heute geschlossen.
Ab morgen Sonderverkauf

In dem Geschäft sind die Kleider ab heute billiger.

richtig | falsch

4 Deutsch lernen mit dem Computer

Der Computerraum steht Ihnen Montag und Dienstag Vormittag, Mittwoch von 8 – 18 Uhr und Donnerstag und Freitag am Nachmittag zur Verfügung.

Am Mittwochnachmittag kann man mit dem Computer lernen.

richtig | falsch

5 Menüplan

Menü A
Schweinebraten
mit Bratkartoffeln

Menü B
Lasagne
(mit Hackfleisch)

Menü C
Frühlings-Gemüseteller

Es gibt kein Menü für Vegetarier.

richtig | falsch

Kleidung

A10
a) Ordnen Sie zu.
b) Lesen Sie die Wörter laut.

die Badehose, das T-Shirt, der Rock, das Kleid, die Bluse, der Pullover, die Unterhose, der Bikini

A 11
a) Was trägt „Er“, was trägt „Sie“?
b) Was tragen die Personen noch?

Freizeit
Fest

➜ Ü 15 – 17

bunt • hübsch • modern
nett • sauber • blau
gelb • schön • sportlich
dunkel • schick • eng
schwarz • einfarbig
kariert • gestreift • hell

der Anzug • die Hose
das Hemd • die Socke/n
der Hut • die Lederjacke
der Schirm • das Paar Schuhe
der Mantel • der Handschuh
der Strumpf

Koffer packen

2.63

A 12
„Koffer packen“: Was nehmen Sie auf die Reise mit? Hören Sie und spielen Sie.

- ● Ich packe einen Pullover ein.
- ○ Ich packe einen Pullover und ein T-Shirt ein.
- ■ Ich packe einen Pullover und ein T-Shirt und warme Strümpfe ein.
- □ Ich packe einen Pullover und warme Strümpfe und ...
- ● Falsch! Du bist raus!

Konsonant: ch

A 13 (2.64)
a) Wann hören Sie [ç]? Markieren Sie.
b) Sprechen Sie.

[ç] — wel**ch**e / wichti**g**   [x] — ma**ch**en

sportli**ch**   wel**ch**e   wichti**g**   Sa**ch**en   man**ch**mal   se**ch**zehn

billi**g**   ma**ch**en   **ich** mö**ch**te   au**ch**   endli**ch**   aussu**ch**en   do**ch**   mi**ch**

Sie lesen/schreiben:	**Sie hören/sprechen:**	
Sa**ch**en, **doch**, aussu**ch**en, **auch**	[x]	**a, o, u, au + ch**
ich, mö**ch**ten, se**ch**zehn, man**ch**mal...	[ç]	**i, e, ö, l, n, r + ch**
bill**ig**, wicht**ig**	[ç]	**-ig**

A 14 (2.65)
Sprechen Sie nach.

ich / mi**ch** / sportli**ch** / — Ich ziehe mich gerne sportlich an. ↘

ich / mö**ch**te / se**ch**zi**g** — Ich möchte nur sechzig Euro ausgeben. ↘

Sa**ch**en / au**ch** / aussu**ch**en — Anne will ihre Sachen auch selbst aussuchen. ↘

Satzakzent

A 15 (2.66)
Sprechen Sie nach, mit viel Emotion!

Ich ziehe gerne Hosen an. ↘ — Aber die gefällt mir überhaupt nicht. ↘

Der Rock ist zu kurz. ↘ — Ich probiere lieber mal den hier an. ↘

Den Anzug finde ich gut. ↘ — Den kann ich auch bei der Arbeit anziehen. ↘

Wie findest du das T-Shirt? ↘ — Das rote ist zu klein, aber das passt genau. ↘

Dialoge sprechen

A 16 (2.67)
a) Lesen Sie halblaut mit.
b) Sprechen Sie mit dem Partner / der Partnerin.

- ● Sieh mal, der Rock! ↘
- ○ Welcher, der grüne? ↗
- ● Nein, der rote! ↘ Meinst du, der steht mir? ↗
- ○ Bestimmt! ↘ Der sieht super aus!! ↘
- ● Aber der passt nicht zu den bunten T-Shirts. ↘

Adjektive: prädikativ und attributiv

A 17
a) Hat das Adjektiv eine Endung? Kreuzen Sie an.
→ Ü 18 – 19
b) *Ihre* Sprache: Vergleichen Sie.

Endung?		Endung?
Der Rock ist grün.		Hier ist der grüne Rock.
Die Jacke ist billig.		Das ist die billige Jacke.
Das Kleid ist schwarz.		Wo ist das schwarze Kleid?
Der Anzug ist grau.	ja / nein	Was kostet der graue Anzug? ja / nein

Regel Ergänzen Sie „eine" oder „keine".

Adjektiv-Endungen

„sein" + Adjektiv:
Das Adjektiv hat ______________ Endung.

Adjektiv + Substantiv:
Das Adjektiv hat ______________ Endung.

Adjektive: Deklination nach bestimmtem Artikel („der", „das", „die")

A 18
a) Markieren Sie die bestimmten Artikel und die Adjektiv-Endungen.
→ Ü 20

Nominativ
- ● Sieh mal, der grüne Rock! Meinst du, der steht mir?
- ○ Bestimmt!
- ● Und das schwarze Kleid?
- ○ Ich weiß nicht. Vielleicht ist die schwarze Hose besser?

Akkusativ
- ● Guten Tag. Ich möchte den grauen Anzug anprobieren.
- ○ Da drüben in der Kabine, bitte.
- ● Moment mal. Ich probiere lieber mal die graue Hose und das weiße Hemd ...
- ○ Gerne, ich bringe Ihnen die neuen Sachen.

b) Ergänzen Sie die Tabelle.
→ Ü 21

Singular	maskulin	neutrum	feminin	Plural
Nominativ	*der grüne Rock*	das ______ Kleid	die ______ Hose	die neu**en** Sachen
Akkusativ	de**n** ______ Anzug	das ______ Hemd	die ______ Hose	die ______ Sachen

Adjektive: Deklination nach unbestimmtem Artikel („ein", „eine")

A 19
a) Vergleichen Sie die Adjektiv-Endungen mit A 18b.

Akkusativ
Ich bin Ärztin und im Krankenhaus trage ich nur ☐ weiße Kleidung: eine weiße Hose, eine weiße Bluse, ☐ weiße Schuhe und einen weißen Mantel. Privat bin ich ganz anders angezogen. Ich mag ☐ leichte, ☐ lockere Sachen, und gerne ein buntes Kleid!

Adjektiv-Deklination im Akkusativ nach „ein", „ein", „eine"

maskulin:	Sie trägt den weißen Mantel.	Sie trägt *einen weißen* Mantel.
neutrum:	Sie trägt das bunte Kleid.	Sie trägt ______ ______ Kleid.
feminin:	Sie trägt die weiße Bluse.	Sie trägt ______ ______ Bluse.
Plural:	Sie trägt die weißen Schuhe.	Sie trägt ☐ ______ Schuhe.

b) Ergänzen Sie die Übersicht.

→ Ü 22

Fragen mit „welch-?"

A 3

- ● Sieh mal, der Rock!
- ○ *Welcher*, der grüne?
- ● Nein, ______ rote! ...
- ● Und das Kleid?
- ○ ______?
- ● ______ lange schwarze!

A 4

- ○ Ich möchte den Anzug aus dem Schaufenster anprobieren.
- ● ______ meinen Sie? ...
- ○ ______ braunen.
- ● ______ Größe?

...

A 20 2.59

a) Hören Sie A 3 und A 4. Ergänzen Sie.

→ Ü 23

„welch-?"

Singular	maskulin	neutrum	feminin	Plural
Nominativ	der Rock ______ Rock?	das Kleid ______ Kleid?	die Größe ______ Größe?	die Kleider welche Kleider?
Akkusativ	den Anzug ______ Anzug?	das Kleid welches Kleid?	die Größe welche Größe?	die Kleider welche Kleider?

b) Ergänzen Sie die Tabelle.

Fragen mit „welch-?"

Regel

Mit „welch-?" fragt man nach bekannten Dingen/Personen.

→ Antwort mit „______", „______", „______" + Adjektiv.

Beispiel:

Welche Hose kaufst du? → **Die** graue.

Ergänzen Sie.

Ausklang: Wetter und Landschaften

Die vier Jahreszeiten

A 1
Informationen in Texten und Bildern suchen
Sehen Sie die Fotos an und ordnen Sie zu: Welcher Text passt?

Der Frühling

Der Sommer

A 2
a) Welcher Text gefällt Ihnen?
b) Sammeln Sie Wörter in den Texten:

Wetter
Landschaft
Aktivitäten

→ Ü 1–2

1

Schweiz aktuell

Die Jungfrau-Top-Ski-Region besteht aus den Skigebieten Mürren-Schilthorn, Kleine Scheidegg-Männlichen und First.
45 moderne Liftanlagen, 213 präparierte Pistenkilometer, 100 km Wanderwege erwarten Sie in diesem einzigartigen Ski- und Snowboardparadies.
Der regionale Skipass Jungfrau-Top-Ski-Region bietet Ski- und Snowboardfahren auf allen Anlagen der Region.

2

Europäischer Fernwanderweg E5 Nord

Eine Wanderung quer durch die Alpen.
Über herrliche Almen und durch schöne Wälder, über hohe Berge und durch die große Gletscherwelt. Wir starten in Oberstdorf, wandern durch die Allgäuer Berge nach Österreich in Richtung Lechtal. Die zweite Etappe führt durch das Pitztal zu den Ötztaler Alpen.
An der Wildspitze vorbei, dem höchsten Berg Tirols, gehen wir Richtung Südtirol.

Termine
27.07. – 02.08.
14.09. – 20.09.

3

Sonntag in Graz, das Wetter ist regnerisch und kühl. Typisch für die Jahreszeit. Gestern waren wir in einer Fotoausstellung „Frauen in Europa". Super! Vorgestern auf der Burg Rabenstein, die Ausstellung war langweilig. Dann haben wir noch beim „Mohrenwirt" ein „Hühnerschnitzel" gegessen. Ein heißer Tipp: gut und günstig. – Jetzt sitzen wir im Zug nach Wien. Noch 2 Stunden, dann sind wir da. Wien Süd. Ich freue mich.

4

Ich muss hinaus, ich muss zu dir,
Ich muss es selbst dir sagen:
Du bist mein Frühling, du nur mir
In diesen lichten Tagen.

Ich will hinaus, ich will zu dir,
Ich will es selbst dir sagen:
Du bist mein Frühling, du nur mir
In diesen lichten Tagen.

August Heinrich Hoffmann von Fallersleben
(1798–1874)

A 3
Suchen Sie Bilder und Fotos mit Landschaften im Lehrbuch. Vergleichen Sie.

→ Ü 3

Der Herbst

Der Winter

Sonne, Regen, Blitz und Donner

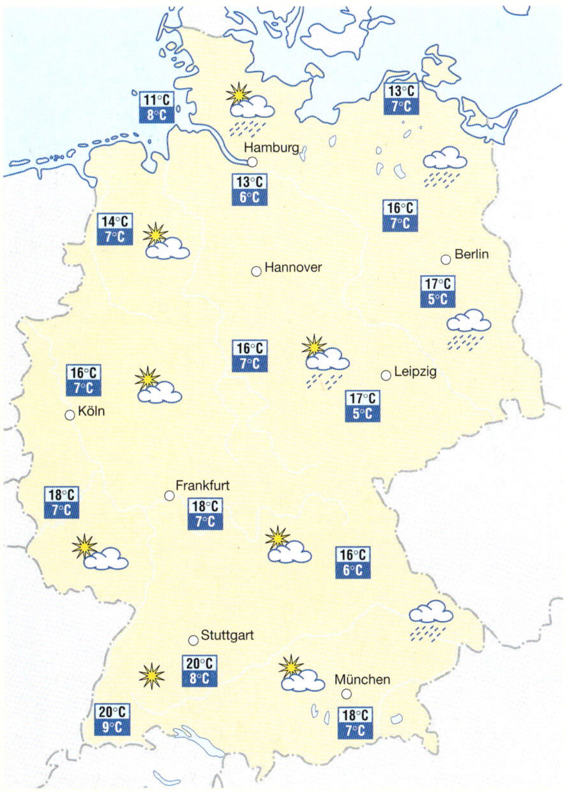

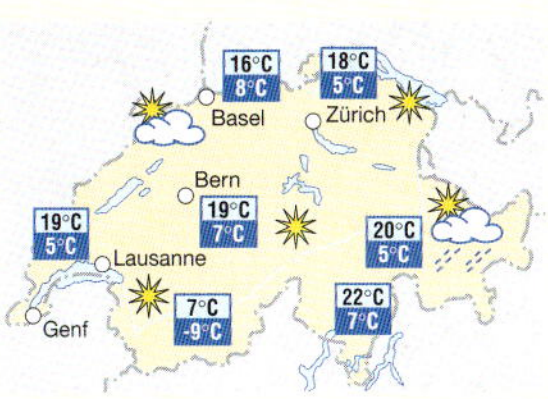

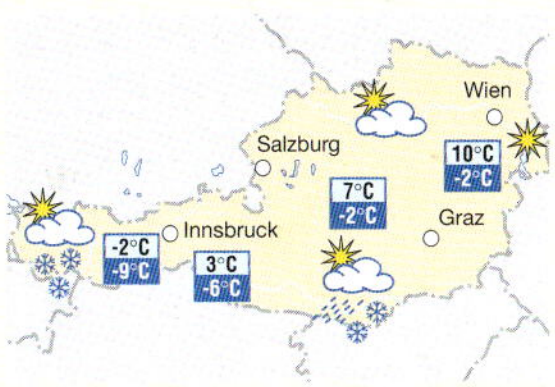

sonnig, heiter

wolkig

stark bewölkt

Regen

Regenschauer

Gewitter

Nebel

Schneefall

A 4 2.68

Die Wettervorhersage verstehen

a) Hören Sie. Welche Vorhersage passt zu welcher Karte?

b) Was hören Sie? Markieren Sie.

c) Der, die, das ...? Schlagen Sie die Substantive im Wörterbuch nach.

→ Ü 4 – 7

Der Jahreszeiten-Maler

2.71 **A 5**

Lieder verstehen

a) Hören Sie und lesen Sie mit.

b) Hören Sie und notieren Sie Stichwörter.

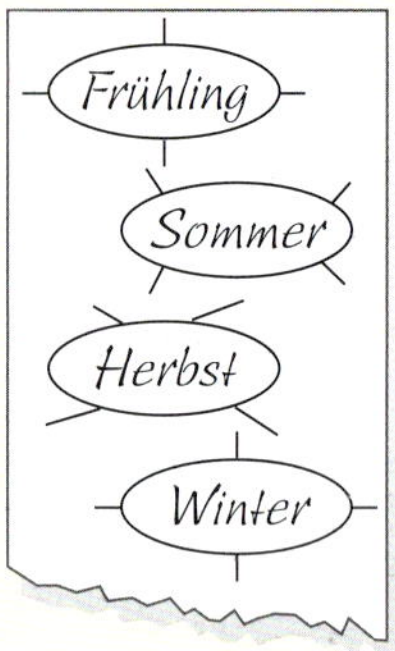

➜ Ü 8

c) Singen Sie mit.

➜ Ü 9 – 10

Den Frühling mal ich grün,
lass meine Blumen blüh'n.
Zu Ostern mal ich dir ein Ei,
und wenn du lieb bist, sogar drei!

Bei uns spinnt der April,
er weiß nicht, was er will.
Ich mal ihn mir kariert,
egal was dann passiert!

Den Sommer mal ich blau
wie die Augen meiner Frau.
Ihr wird's dann oft zu heiß,
dann mal ich Wolken, weiß!

Kommt zu uns im August!
Habt ihr keine Lust?
Packt einfach eure Sachen,
wir können so viel machen!

Den Herbst, den mal ich bunt.
Das Jahr wird jetzt fast rund.
Gefällt Ihnen mein Bild –
Sie finden es zu wild?

Mein Oktober, der ist rot,
und dein November – grau?
Die Bäume stehen da, wie tot,
am Boden liegt der Tau.

Wie malt man Schnee,
wie malt man Eis?
Den Winter mal ich kalt
und weiß.

Das sind unsere Jahreszeiten,
und wie ist das bei Ihnen?
Wenn es noch schneit in unsern Breiten,
blüh'n eure Apfelsinen.

A 6

a) Welche Lieder kennen Sie in Ihrer Sprache?

b) Was ist das Thema? Machen Sie einen Wortigel auf Deutsch und erzählen Sie.

Spiel: Was Sie schon immer wissen wollten ...

START ▶ ZIEL A1
Würfeln Sie noch einmal.
1 Punkt

EINKAUFEN
❶
Was haben Sie gestern oder vorgestern eingekauft?
3 Punkte

SPRACHEN
❷
Welche Fremdsprachen sprechen Sie?
1 Punkt

MODE UND KLEIDER
❸
Welche Kleider tragen Sie (gar nicht) gerne?
2 Punkte

ZUR PERSON
❹
Wo wohnen Sie?
Wie ist Ihre E-mail-Adresse oder Telefonnummer?
1 Punkt

ZUR PERSON
❺
Wie ist Ihr Name?
Buchstabieren Sie Ihren Namen auf Deutsch.
3 Punkte

ARBEIT
❻
Wo arbeiten Sie?
1 Punkt

JOKER
❼
Geben Sie den Würfel einem Partner oder einer Partnerin weiter.
3 Punkte

LIEBLINGSMUSIK
❽
Welche Musik hören Sie gerne?
2 Punkte

LERNEN
❾
Was hat Ihnen im Kurs gefallen?
3 Punkte

KOCHEN
❿
Was kochen Sie gerne?
2 Punkte

TAGESABLAUF
⓫
Was haben Sie letztes Wochenende gemacht?
4 Punkte

ESSEN UND TRINKEN
⓬
Was essen Sie im Sommer?
2 Punkte

ARBEIT
⓭
Was machen Sie an Ihrem Arbeitsplatz?
3 Punkte

REISEN UND URLAUB
⓮
Wohin wollen Sie das nächste Mal in Ferien fahren?
3 Punkte

WOHNEN
⓯
Wo möchten Sie wohnen: In einem Turm oder am Meer?
4 Punkte

ESSEN UND TRINKEN
⓰
Was isst man bei Ihnen?
2 Punkte

ESSEN UND TRINKEN
⓱
Was trinken Sie nie?
1 Punkt

ERZÄHL MIR ETWAS ÜBER ...

Regeln
Alle beginnen im Feld START.
Würfeln Sie und beantworten Sie die Frage auf dem Feld.

Bewerten Sie die Antwort und notieren Sie die Punktzahl.
Für eine korrekte Antwort gibt es 1 Punkt.

Wer zuerst **20 Punkte** hat, ist Sieger oder Siegerin.

Oder:

Wenn der erste Spieler / die erste Spielerin **3-mal über das Feld** START/ZIEL gekommen ist, ist das Spiel zu Ende.
Wer dann die meisten Punkte hat, ist Sieger oder Siegerin.

Gratulation!

A 7
a) Würfeln und antworten Sie.
b) Stellen Sie als Zuhörer/in dem Partner / der Partnerin eine Frage zum Thema.
c) Bewerten Sie in der Gruppe und notieren Sie die Punktzahl.

➜ **Schlusstest**

Das Vokal-Viereck

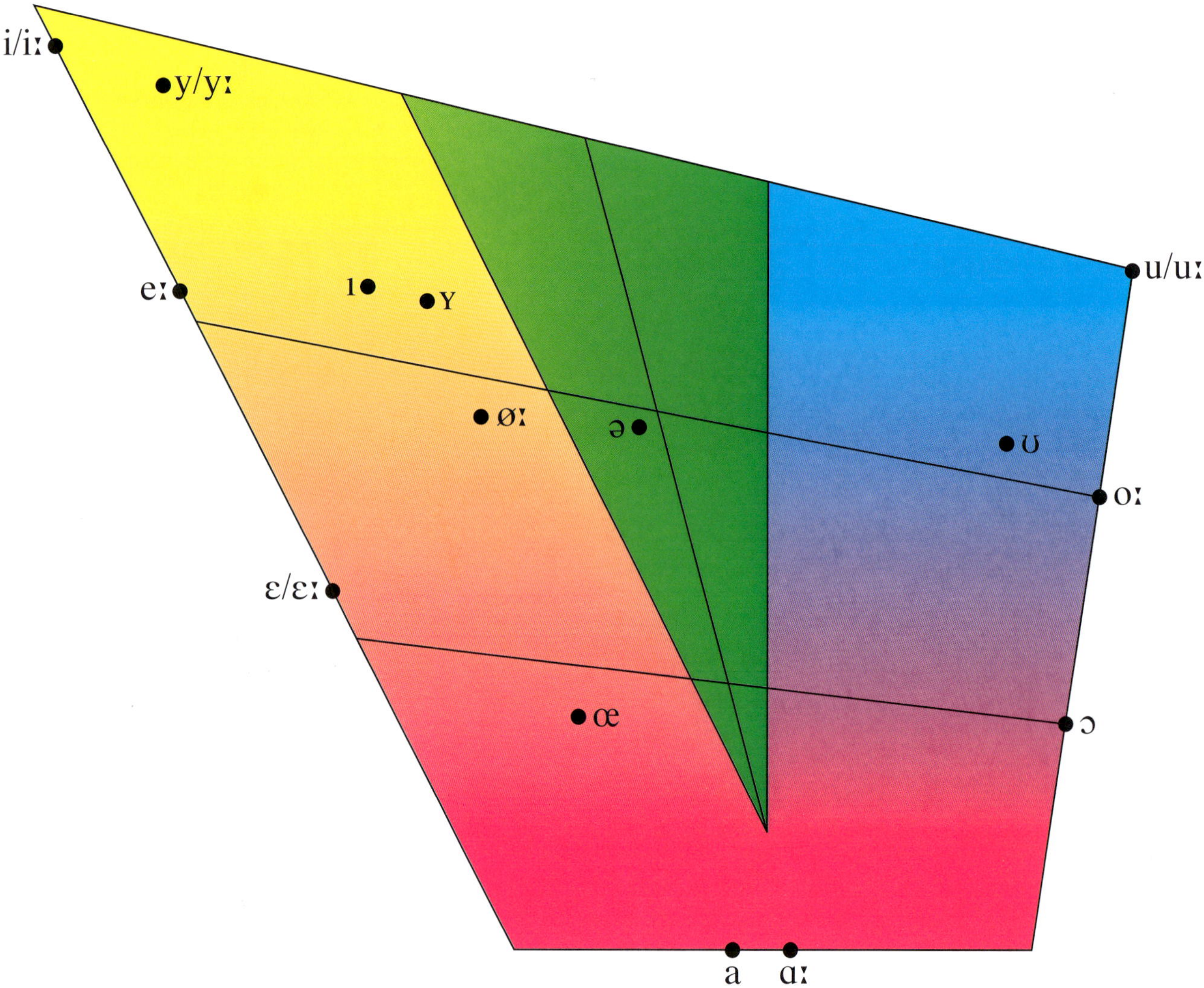

Das Vokal-Viereck „im Mund"

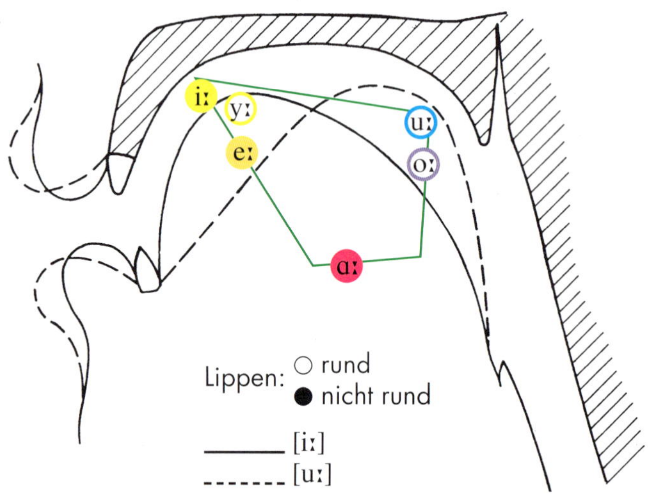

Die Beziehung von Buchstaben und Lauten im Deutschen

Buchsstabe(n)	Laut(e)	Beispiele
a aa ah	[aː]	N**a**me, St**aa**t, Z**ah**l
a	[a]	d**a**nke
ä äh	[ɛː]	K**ä**se, z**äh**len
ä	[ɛ]	S**ä**tze
äu	[ɔy]	H**äu**ser
ai	[ai]	M**ai**
au	[au]	P**au**se
b bb	[b]	**B**uch, Ho**bb**y
-b	[p]	Ver**b**
ch	[ç]	i**ch**, mö**ch**ten
	[x]	Bu**ch**, ko**ch**en
-chs	[ks]	se**chs**
d	[d]	**D**ialog
-d	[t]	un**d**
-dt	[t]	Sta**dt**
e ee eh	[eː]	l**e**sen, T**ee**, s**eh**r
e	[ɛ]	F**e**st, **e**ssen
-e	[ə]	dank**e** (unbetont)
ei	[ai]	S**ei**te,
-er	[ɐ]	Butt**er**
eu	[ɔy]	h**eu**te
f ff	[f]	**f**ahren, Ka**ff**ee
g	[g]	**g**ut
-g	[k]	Ta**g**
h	[h]	**H**aus
i ie ieh	[iː]	K**i**no, s**ie**ben, (er) s**ieh**t
i	[ɪ]	b**i**tte
-ig	[ɪç]	fert**ig**
j	[j]	**j**a
k ck	[k]	**K**uchen, Bä**ck**erei
l ll	[l]	**l**eben, wo**ll**en

Buchsstabe(n)	Laut(e)	Beispiele
m mm	[m]	**M**ontag, ko**mm**en
n nn	[n]	**N**ame, kö**nn**en
o oh	[oː]	**o**der, w**oh**nen, Z**oo**
o	[ɔ]	k**o**mmen
ö öh	[øː]	h**ö**ren, fr**öh**lich
ö	[œ]	m**ö**chten
p pp	[p]	**P**ause, Gru**pp**e
ph	[f]	Al**ph**abet
qu	[kv]	be**qu**em
r rh rr	[r]	**r**ichtig, **Rh**ythmus, He**rr**
s ss	[s]	Hau**s**, Ka**ss**ette
	[z]	**s**ehr, zu**s**ammen
sch	[ʃ]	**Sch**rank
sp	[ʃp]	**sp**rechen
st-	[ʃt]	**St**adt, be**st**ellen
ß	[s]	hei**ß**en
t tt th	[t]	**T**ür, bi**tt**e, **Th**eater
-t(ion)	[ts]	Informa**tion**
u uh	[uː]	J**u**ni, **Uh**r
u	[ʊ]	A**u**g**u**st
ü üh	[yː]	Fl**ü**gel, Fr**üh**stück
ü	[y]	f**ü**nf
v	[v]	**V**okal
	[f]	Nominati**v**, **v**ier
w	[v]	**W**asser
x	[ks]	Te**x**t
y	[yː]	T**y**p
y	[ʏ]	Rh**y**thmus
z	[ts]	be**z**ahlen, **z**u

Ausspracheregeln

A Vokale

Buchstaben	Aussprache	Beispiele
Sie lesen/schreiben:	**Sie hören/sprechen:**	
Vokal + Vokal Vokal + „h“	immer **lang**	*St**aa**t, T**ee**, Z**oo**, s**ie*** *S**ah**ne, s**eh**en, **ih**r, f**üh**len*
Vokal + Doppelkonsonant	immer **kurz**	*Gr**upp**e, B**ett**, Z**uck**er*
Vokal + mehr Konsonanten	meistens **kurz**	*H**eft**, M**ärz***

B Konsonanten

Buchstaben	Aussprache	Beispiele
Sie lesen/schreiben:	**Sie hören/sprechen:**	
-b -d -g -s -v	am Wort- und Silbenende [p] [t] [k] [s] [f]	*Ver-**b [p]**, un-**d [t]**, Zu-**g [k]**,* *Kur-**s**|raum **[s]**, positi-**v [f]***
ch	[x] nach „a, o, u, au“ [ç] nach allen anderen Vokalen [ç] nach „l, r, n“ [ç] in der Endung „-ig“	*la**ch**en, do**ch**, Bu**ch**, au**ch*** ***ich**, mö**ch**te, eu**ch*** *wel**ch**er, dur**ch**, man**ch**mal* *fert-**ig***
h	[h] am Wort- und Silbenanfang nicht nach langem Vokal	***H**aus, unter|**h**alten* *se**h**en, ru**h**ig,*
r	[r] am Wort- und Silbenanfang [ɐ] in der Endung „-er“ nach langen Vokalen und den Vorsilben „ver-, zer-, er-“	***r**ot, hö|**r**en* *Partn-**er*** ***Tür, Uhr,*** ***ver**|stehen, **zer**|stören, **er**|klären*
st sp	[ʃt] [ʃp] am Wort- und Silbenanfang	***St**adt, Aus|**sp**rache*
v	[v] bei Fremdwörtern am Wort- und Silbenanfang	***V**ideo, **V**okal, Kla|**v**ier*

Alphabetisches Wörterverzeichnis

Informationen zur Benutzung

Das Verzeichnis enthält alle Wörter aus den Kapiteln im Lehrbuch *Optimal*A1. Namen von Personen, geografische Namen und Sprachenbezeichnungen, Zahlwörter sowie grammatische Begriffe sind nicht enthalten. Aus authentischen Texten, v.a. auf der Seite „Training“, sind nur die Wörter enthalten, die zur Lösung der Aufgaben notwendig sind.

Das Wörterverzeichnis bietet Ihnen folgende Informationen:

Wort → Artikel → Plural → Seite(n) im Lehrbuch, wo das Wort in dieser Bedeutung das erste Mal vorkommt

Abend, der, -e; 31

Wortakzent: _ lang oder . kurz

Verben mit * sind unregelmäßig. Eine alphabetische Liste der unregelmäßigen Verben finden Sie auf S. 110f.

Fett gedruckte Wörter gehören zur Wortliste des Tests „Start Deutsch 1“, der sich auf die Niveaustufe A1 bezieht.

A

K

L

M

Alphabetische Liste der unregelmäßigen Verben in *Optimal* A1

Infinitiv	3. Person Singular Perfekt (hat/ist + Partizip II)
abfahren	ist abgefahren
abwaschen	hat abgewaschen
anbieten	hat angeboten
anbrennen	ist angebrannt
angehen	ist angegangen
ankommen	ist angekommen
anrufen	hat angerufen
ansprechen	hat angesprochen
anziehen	hat angezogen
aufnehmen	hat aufgenommen
aufstehen	ist aufgestanden
auftreten	ist aufgetreten
aufwachsen	ist aufgewachsen
ausgeben	hat ausgegeben
ausgehen	ist ausgegangen
ausschneiden	hat ausgeschnitten
aussehen	hat ausgesehen
aussteigen	ist ausgestiegen
ausziehen (sich)	hat (sich) ausgezogen
beginnen	hat begonnen
bekommen	hat bekommen
beschreiben	hat beschrieben
bitten	hat gebeten
bleiben	ist geblieben
brechen	hat gebrochen
einladen	hat eingeladen
einnehmen	hat eingenommen
einschlafen	ist eingeschlafen

Infinitiv	3. Person Singular Perfekt (hat/ist + Partizip II)
einsteigen	ist eingestiegen
empfangen	hat empfangen
erkennen	hat erkannt
essen	hat gegessen
fahren	ist gefahren
fernsehen	hat ferngesehen
finden	hat gefunden
fliegen	ist geflogen
geben	hat gegeben
gefallen	hat gefallen
gehen	ist gegangen
genießen	hat genossen
geschehen	ist geschehen
gießen	hat gegossen
haben	hat gehabt
heißen	hat geheißen
helfen	hat geholfen
kennen	hat gekannt
klingen	hat geklungen
kommen	ist gekommen
lassen	hat gelassen
laufen	ist gelaufen
lesen	hat gelesen
liegen	hat/ist gelegen
losgehen	ist losgegangen
messen	hat gemessen
mitbringen	hat mitgebracht
mitkommen	ist mitgekommen

Infinitiv	3. Person Singular Perfekt (hat/ist + Partizip II)
mitnehmen	hat mitgenommen
nehmen	hat genommen
nennen	hat genannt
reingehen	ist reingegangen
rennen	ist gerannt
riechen	hat gerochen
schlafen	hat geschlafen
schließen	hat geschlossen
schneiden	hat geschnitten
schreiben	hat geschrieben
sehen	hat gesehen
senden	hat gesendet
singen	hat gesungen
sitzen	hat/ist gesessen
spinnen	hat gesponnen
sprechen	hat gesprochen
springen	ist gesprungen
stehen	hat/ist gestanden
tragen	hat getragen
treffen	hat getroffen
treiben	hat getrieben

Infinitiv	3. Person Singular Perfekt (hat/ist + Partizip II)
trinken	hat getrunken
tun	hat getan
umsehen (sich)	hat sich umgesehen
umsteigen	ist umgestiegen
umziehen	ist umgezogen
unterschreiben	hat unterschrieben
verbinden	hat verbunden
vergessen	hat vergessen
vergleichen	hat verglichen
verstehen	hat verstanden
vorbeigehen	ist vorbeigegangen
weggehen	ist weggegangen
wegnehmen	hat weggenommen
wehtun	hat wehgetan
weiterfahren	ist weitergefahren
weitergehen	ist weitergegangen
weiterhelfen	hat weitergeholfen
wissen	hat gewusst
zurückfahren	ist zurückgefahren
zutreffen	hat zugetroffen

Quellen

Mozart Quartett Salzburg (Foto: S. 24 o.) – Bern Tourismus (Fotos: S. 62 großes Foto, 63 o. li.) – EMG Essen-Marketing GmbH (S. 16 Fotos 3, 5) – Rötger Feldmann / Brösel, Sören (Comic-Figur „Werner" S. 9 o.) – Anne Koeker (Foto: S. 54 o.) – Hotel Lindenhof, Essen (Foto: S. 15) – Martin Müller, Bürglen (Fotos: S. 7 Mitte, u.; 10; 22; 63 o. re., u. re.; 80; 82) – Münchner Philharmoniker (Foto: S. 24 C) – Polyglott Kartographie München (S. 15, 32, 54, 55) – Christoph Ris, Oberwichtrach (Fotos: S. 24 B, 27) – Paul Rusch, Götzens (Fotos: S. 9; 46-48; 66) - Theo Scherling, München (Fotos: S. 24 A; 32 Mitte; 88 o. li.; 95 o. re.; 96) - Stiftung Seebüll Ada und Emil Nolde (Foto:
S. 55) – SV-Bilderdienst, München (Fotos: S. 25) – Angelika Sulzer, München (Fotos: S. 8 u.; S. 16 Fotos 1, 2, 4) – VG Bild-Kunst, Bonn 1996 (S. 65 Gabriele Münter, Villen am Hügel; 66 Roy Lichtenstein, Bedroom at Arles) – Visum Archiv / Edgar Höfs (Foto: S. 39 u.) – Lukas Wertenschlag, Lutry (Fotos: S. 6 u.; 12 u.; 62 kleines Foto; 63 Mitte re.) – Heinz Wilms (Fotos: S. 40 Mitte; 54 u.) – Jenner Zimmermann, Auckland (Foto: S. 32 Mitte)
Alle hier nicht aufgeführten Zeichnungen: Christoph Heuer, Zürich
Alle hier nicht aufgeführten Fotos: Vanessa Daly, München